EXPONIENDO
EL ABUSO ESPIRITUAL

Exponiendo El Abuso Espiritual

Miguel Perlaza, Th. D., Ph. D.

Número de Control de la Biblioteca del Congreso de EE. UU.:	2014913584
ISBN:	Tapa Dura	978-1-4633-8954-3
	Tapa Blanda	978-1-4633-8953-6
	Libro Electrónico	978-1-4633-8952-9

Fecha de revisión: 18/08/2014

El texto Bíblico ha sido tomado de la versión Reina-Valera © 1960 Sociedades Bíblicas en América Latina; © renovado 1988 Sociedades Bíblicas Unidas. Utilizado con permiso. Reina-Valera 1960™ es una marca registrada de la American Bible Society, y puede ser usada solamente bajo licencia.

Para realizar pedidos de este libro, contacte con:
Palibrio LLC
1663 Liberty Drive
Suite 200
Bloomington, IN 47403
Gratis desde EE. UU. al 877.407.5847
Gratis desde México al 01.800.288.2243
Gratis desde España al 900.866.949
Desde otro país al +1.812.671.9757
Fax: 01.812.355.1576
ventas@palibrio.com
637871

ÍNDICE

DEDICATORIA

Dedico este trabajo a todos los que han sido abusados espiritualmente y que por esta causa están retirados y aislados sin esperanza, y sobre todo a Dios todo poderoso quien me ha dado la fortaleza y la sabiduría para tocar un tema que nadie quiere tocar.

AGRADECIMIENTO

Quiero expresar mis agradecimientos primero que todo a Dios todo poderoso, a los profesores, pues han servido de pilar para el ministerio, también gracias a los hermanos que de una u otra manera han contribuido a que el aprendizaje sea más efectivo.

Mil gracias a todos, a los que han ayudado con su aporte de gran inspiración, también a todos mis compañeros de estudios, pastores amigos y compañeros.

Quiero reconocer muchas personas que hicieron posible la culminación de este trabajo participando con sus comentarios e ideas.

En este trabajo, Quiero agradecer de gran manera a mi esposa Ana Maria por su ayuda, compartir con ella este trabajo a sido un privilegio y una tremenda experiencia, gracias por ayudarme al igual que a mis hijos Michael y Alexander por su paciencia.

PRÓLOGO

En esencia la información presentada en este trabajo es una información que no ha sido llana y sencillamente sacada de textos, sino de la vivencia de muchas personas que están sufriendo el problema de abuso por parte de líderes deshonestos con Dios, hablando siempre de lo que los demás hacen, "Malaquías 3:8 ¿Robará el hombre a Dios? Pues vosotros me habéis robado. Y dijisteis: ¿En qué te hemos robado? En vuestros diezmos y ofrendas." Es un verso que siempre se esta voceando; esto no es con el objeto de enseñar a los creyentes el beneficio de ofrendar, teniendo el descaro de decir: "Si tu no ofrendas Dios no te bendecirá", sino mas bien con el objeto de intimidar a los que no diezman y así ponerlos contra la pared; la mayoría de las personas esperan que la congregación sea una fuente de alivio, no de abuso; este trabajo se basa en las experiencias de, no una, sino de muchas personas.

Las criticas vendrán desde todos los puntos cardinales, pero el objetivo no es levantar polémicas, sino mas bien el de levantar conciencia.

Muchos dirán, bueno pero eso es algo que se ha hecho toda la vida y no viene al caso, pero no es así, ¡ya basta! de tanta falacia; el comportamiento sumiso y de oveja que es llevada al matadero se ha acabado es hora de que estos abusadores sean desenmascarados y que de una buena vez se acabe con todo esto.

Este trabajo esta realizado con el objetivo de traer esperanza a muchos que creen que Dios les ha dado la espalda, a aquellos que están sufriendo de maltrato espiritual, que están siendo intimidados con versículos de conveniencia, pues la mayoría de los versículos que se utilizan para todo este asunto de manipulación y abuso son versículos del antiguo testamento (perpetuando la ley antigua), y si decimos que Cristo vino a cumplir la ley, Pero el entendimiento de ellos se embotó; porque hasta el día de hoy, cuando leen el antiguo pacto, les queda el mismo velo no descubierto, el cual por Cristo es quitado (2 Co. 3:14), entonces por que la traen a cada momento que necesitan tener a alguien bajo su autoridad.

Para algunos sonara como un trabajo de frustración o de egoísmo, pero no es ni lo uno ni lo otro, es simplemente que como en todo, el ser humano se cansa de ser maltratado, llega un momento en el cual ve una luz por donde salir y es aquí cuando este trabajo entra en escena.

Una explicación clara de lo que es abuso espiritual es la respuesta a todas estas interrogantes, ¿qué tan grande puede ser este problema?; es una de las tantas preguntas que nos hacemos, es en realidad ¿culpa de los malos lideres que con su propio egoísmo están infectando las congregaciones?, descubrir que algunos lideres solo están beneficiándose del evangelio, y como desarrollar habilidades para discernir cuando un liderato esta siendo llevado por un camino hacia el abuso y la manipulación, es en realidad la tarea de este trabajo, para llegar a comprender lo que Dios quiere verdaderamente para nosotros independientemente de lo que la mayoría le diga, pues "¡la mayoría también se puede equivocar!".

Dios quiere llevarnos hacia una vida integra, y de amor; el desea que nosotros disfrutemos de una relación intima con Él, pero algunos en su afán de coger la gloria para ellos están utilizando muy mal el evangelio tirando por el piso todo lo que Dios hizo en la cruz del calvario; pero ¿saben que? hay esperanza en Cristo y el amor que no vemos en los hermanos, ese amor lo da Cristo, así que no se desesperen hay una esperanza y es Cristo y esta a su lado, por muy difícil que se vea el problema cristo esta listo a socorrerle, y es así como este trabajo empezó; pensando en la ayuda que muchos necesitan y que están siendo consumidos por la desesperación de no poder desenvolverse libremente en un sistema que en vez de ser un alivio a sus vidas, se ha convertido en una pesadilla.

INTRODUCCIÓN

Las enseñanzas de Jesucristo han sido para buena parte de la humanidad una de las más poderosas influencias. Hombres y mujeres de todos los tiempos han sentido que el espíritu les ha impulsado poderosamente a hacer el bien durante toda su vida.

Pero algunos que tal ves por su ignorancia o deseo de ser reconocidos han tomado el evangelio como arma para poder hacer que su ego sea valorado, y erróneamente lo que hacen es manipular a otros a su favor para sentirse realizados, estos esperan que se les siga "ciegamente" y lo mejor de todo sin que se les cuestione su liderazgo.

La intención de este material, no es la de predisponer a las personas en contra de sus ministros; sino que sirva mas bien de peso equilibrante entre lo que no es y lo que debe ser un ministerio pastoral según Dios, y lo que suele ser según estos pastores y lideres deshonestos, en algunos casos, cuando los hombres lo ejercen según sus propias sabidurías humanas o, en el peor de los casos, según sus íntimos intereses personales.

Estas personas que en algún momento de sus vidas en que fueron abusados o vieron el abuso como algo normal, estaban aprendiendo el mismo comportamiento y entonces se convierten en abusadores más adelante.

En su libro "Churches That Abuse" (Iglesias que abusan), el Dr. Ronald Enroth analiza cuidadosamente varias de estas iglesias en todo Estados Unidos. Revela los métodos sectarios que usan estos grupos y señala varias marcas distintivas de las iglesias abusadoras.

Primero, las iglesias abusadoras tienen un estilo de liderazgo orientado hacia el control.

Segundo, los líderes de este tipo de iglesias usan la manipulación para lograr la sumisión total de sus miembros.

Tercero, hay un estilo de vida rígida y legalista que involucra numerosos requisitos y detalles minuciosos de la vida diaria de sus miembros.

Cuarto, estas iglesias tienden a cambiar de nombre a menudo, especialmente una vez que son expuestos por los medios de comunicación.

Quinto, la desaprobación de otras iglesias es frecuente, porque se consideran superiores a todas las demás iglesias.

Sexto, estas iglesias tienen un complejo de persecución y consideran que son perseguidas por el mundo, los medios y otras iglesias cristianas.

Séptimo, las iglesias abusadoras apuntan específicamente a los jóvenes adultos de entre dieciocho y veinticinco años de edad, en algunos casos hasta los treinta y cinco años, especialmente los que son solteros.

Octava y última señal de las iglesias abusadoras es la gran dificultad que tienen los miembros para salir de estas iglesias, un proceso que suele estar marcado por el dolor social, psicológico o emocional y espiritual.

Además, estas iglesias tienden a decir que todos sus miembros deben estar envueltos en las actividades de la iglesia para que estos no caigan en tentaciones de hacer cosas indebidas, y pequen; no orientados a la libertad en Cristo sino a la manipulación enmascarada y a la sumisión de sus miembros. Estos líderes tienden a menospreciar a los demás hermanos, poniéndolos por el suelo o en ridículo inclusive delante de la congregación.

El abuso espiritual consiste en aprovecharse de la necesidad de apoyo que requiere una persona; para así mismo debilitar el desarrollo normal de esta; cuando un líder espiritual usa su posición para controlar o manipular a otra persona hay abuso espiritual por parte de este.

"Estaré enfocándome en el hecho de que las personas abusadas espiritualmente, son los ministros que mas adelante estarán abusando espiritualmente de otros."

Hay una teología y la misma afirma que Dios llama al ministerio a personas que han sido «heridas» por la vida. Es decir, esta teología afirma que los ministros todavía están en el proceso de sanar sus propias heridas mientras ayudan a otros a sanar. El problema con esta teología es que ha sido malinterpretada. Algunas personas la han usado como excusa para no buscar ayuda para sus propios problemas psicológicos, emocionales, y o hasta sexuales. Por consiguiente siguen el mismo patrón adquirido en su desarrollo.

Muchos ministros que abusan espiritualmente de sus feligreses usan esta teología para justificar su permanencia en el ministerio.

Por ejemplo, si alguien pregunta acerca de cómo se usa el dinero, el pastor lo acusa de ser desobediente, estos pastores se enfocan en sermones que solo hablan de sumisión a la autoridad espiritual de la casa, y entonces se tilda a la persona de rebelde y le dice a la congregación que fue ofendido por que se le hizo esa pregunta ya que como autoridad puesta por Dios en ese lugar el no puede ser cuestionado.

Y eso no es nada, se enojan y lo primero que dicen es, si no esta de acuerdo con el ministerio bien pueda ahí esta la puerta, se puede ir cuando quiera. Eso es una manera de intimidar.

En realidad debo hacer énfasis en que este trabajo es para edificar la iglesia de Cristo y no con el objetivo de desprestigiar a los pastores abusadores, a los cuales Dios llamará a cuenta. Estaré exponiendo alternativas para ayudar a personas que están siendo abusadas espiritualmente a salir de este problema gravísimo que cada día se esta presentando con mayor fuerza.

También poder mostrar que hay esperanza en Cristo y que por muy fuerte que se vea el problema sobre el abuso espiritual con la ayuda de Dios lograremos vencer ese problema que carcome cada día la sociedad cristiana en general pues hasta las personas que de repente quisieran acercarse a Dios, se alejan al presentárseles un evangelio avasallador y abusador.

No debemos decir; mira Dios mío este problema tan grande que tengo sino mas bien; mira problema lo grande que es Dios.

Aun sabiendo las controversias que despertará la publicación de este trabajo, considero un deber cristiano, moral y humano escribir sobre esta dolorosa realidad.

Creo sinceramente que es necesario denunciar públicamente las doctrinas torcidas y perversas del autoritarismo religioso que exigen a la gente que obedezca ciegamente a un hombre sólo porque este tiene un cargo de líder religioso.

Aunque lo expuesto en este es una realidad trágica y que a veces asusta, su objetivo no es en ningún momento desanimar a nadie en su búsqueda espiritual. Por lo contrario la intención es sólo de advertir acerca del peligro de caer en manos de un liderazgo corrupto.

El escenario para las ovejas, es en general preocupante, pues si es cierto que se empiezan a conocer el número de ministros que abusan en grandes denominaciones evangélicas y protestantes, así como en cualquier religión, también, es cierto que ha sido un proceso lento y forzado. La historia nos enseña también que las grandes organizaciones y sus estructuras burocráticas suelen tardar bastante en cambiar, a veces años, si no es que décadas y a hasta siglos. Además existen literalmente cientos de grupos autónomos seudo-cristianos, sectarios y neo-carismáticos con liderazgos sumamente autoritarios y estructuras cerradas que carecen en absoluto de mecanismos de rendición de cuentas al interior y al exterior de sus organismos.

Menospreciar tus creencias y decisiones espirituales/religiosas, separándote de tu conexión espiritual con tu familia/cultura, suprimir tu expresión espiritual, negarte el acceso a tus conexiones espirituales y desgastar tu autoestima hasta que tu "espíritu" se acabe, son tácticas usadas por los abusadores espirituales.

"Jeff Van Vonderen dice que el abuso espiritual es lo mismo, al nivel espiritual, como el incesto al nivel físico."

Muchos pastores entran en este juego del abuso, algunos por ignorancia, pero otros porque les da cierta satisfacción poder "controlar" de esta manera las relaciones interpersonales entre los miembros de su iglesia. Como consecuencia, los hermanos "aprenden" a depender del pastor en vez del Señor, y a evadir la confrontación directa según Mateo 18:15-22. Y esto es lo que les da la oportunidad a los líderes abusivos a levantar un sistema de denunciantes al estilo comunista, la CIA, la KGB o cualquier otro sistema de espionaje, más bien diría sinceramente un grupo de informantes, también llamados sapos, con los cuales estos pastores están muy bien identificados y pertenecen a su circulo de "amigos" pues usted no pertenece al circulo si no le lleva chismes al pastor comunicándole a éste todo lo que los demás hermanos hacen dentro o fuera de la templo. Hasta el punto de querer correr la agenda de los hermanos o miembros de la iglesia.

Estos pastores tienen la odisea hasta de decirles que vestir y que amistades pueden frecuentar, y no es por que los estimen sino mas bien porque tienen miedo de perder un miembro a quien pueden manipular a su antojo.

1 Pedro 5: 2, 3 dice:

2) Apacentad la grey de Dios que está entre vosotros, cuidando de ella, no por fuerza, sino voluntariamente; no por ganancia deshonesta, sino con ánimo pronto;

3) no como teniendo señorío sobre los que están a vuestro cuidado, sino siendo ejemplos de la grey.

Creo sinceramente que es necesario denunciar públicamente las doctrinas torcidas y perversas del autoritarismo religioso que exigen a la gente que obedezca ciegamente a un hombre sólo porque tiene un cargo de líder religioso. Estas enseñanzas destruyen la dignidad y la libertad del ser humano y lo convierten en un títere o en un robot. Pregúnteselo usted a Joanna, una joven universitaria, que como veremos, fue golpeada y manipulada por un líder que se decía ser "ungido de Dios". Pregúnteselo a la familia López, que sufrió cuatro años de explotación económica y fraudes en una congregación en donde una de sus doctrinas favoritas era "al pastor hay que obedecerle en todo". Preguntémosle a María Luisa y a los niños de una escuela-orfanato de algún lugar en todos los hemisferios. La primera, una viuda despojada de medio millón de dólares por su sacerdote de cabecera. Los menores, abusados sexualmente por un cura encubierto por sus superiores. Preguntémosle también a los familiares de las víctimas de la secta de David Koresh en Waco, Texas, donde una de las enseñanzas era: "No debes de juzgar a un líder por su conducta". Preguntémosle a los cientos y cientos que hoy viven confundidos y decepcionados del cristianismo por las escandalosas inmoralidades que han visto, y a los muchos que están callados y atemorizados de salirse de alguna secta autoritaria porque creen que pecarán contra Dios. Finalmente, preguntémosle a Cristo, cuya autoridad es usurpada y echada a un lado por líderes que piden que se les obedezca a ellos en lugar de a Sus enseñanzas y ejemplo.[1]

"[1] Vino a mí palabra de Jehová, diciendo:

[2] Hijo de hombre, profetiza contra los pastores de Israel; profetiza, y di a los pastores: Así ha dicho Jehová el Señor: ¡Ay de los pastores de Israel, que se apacientan a sí mismos! ¿No apacientan los pastores a los rebaños?

---

[1]   Dr. Jorge Erdely, Pastores que abusan, Editorial Unilit, Miami FL 33172

3) Coméis la grosura, y os vestís de la lana; la engordada degolláis, mas no apacentáis a las ovejas.

4) No fortalecisteis las débiles, ni curasteis la enferma; no vendasteis la perniquebrada, no volvisteis al redil la descarriada, ni buscasteis la perdida, sino que os habéis enseñoreado de ellas con dureza y con violencia.

5) Y andan errantes por falta de pastor, y son presa de todas las fieras del campo, y se han dispersado.

6) Anduvieron perdidas mis ovejas por todos los montes, y en todo collado alto; y en toda la faz de la tierra fueron esparcidas mis ovejas, y no hubo quien las buscase, ni quien preguntase por ellas." (Ezequiel 34:1-6)

CAPÍTULO 1

¿ABUSO ESPIRITUAL? ¿QUÉ ES ESO?

Este tema es bien controversial, como ha de esperarse de éste, sin embargo, aquí hay valiosa información para aquellos que andan buscando la verdad y la libertad espiritual. ¡Qué Dios use este material para traer vida y consuelo, y sobretodo, sanidad espiritual en nuestras congregaciones!

Este material no busca nada más que advertir a muchos, de los lobos rapaces que están esperando a una oveja mansa para lanzar el zarpazo.

El abuso espiritual mayormente ocurre cuando un líder usa su posición espiritual para controlar o dominar a los demás (a sabiendas o no); también cuando las opiniones de los demás son ignoradas o pasadas por alto, atropellando así los sentimientos de otras personas.

Algunos líderes religiosos, inseguros de sí mismos, abusan del poder que tienen para reforzar su posición por medio de la manipulación. El uso del poder en esta manera es lo que llamamos abuso espiritual, ya que no se considera el bienestar de vida, emociones y sentimientos de los demás en la congregación. Lamentablemente esto ocurre con mucha más frecuencia en el pueblo de Dios de lo que nos imaginamos. Una vez más, no todo el tiempo es intencional, pero sucede.

Otra forma en que se manifiesta el abuso espiritual es cuando se emplea la espiritualidad para obligar a las personas a que vivan según cierto "criterio" o "norma" espiritual, que muchas veces muy poco o nada tiene que ver con la vida espiritual de la persona. Por ejemplo esta es una de las tantas frases que se utilizan para la manipulación de los hermanos en las congregaciones: "Si quieres estar bien con Dios tienes que hacer esto o aquello...obediencia es la clave". Cuando estos líderes encuentran cierta resistencia a sus demandas, comienzan a emplear este tipo de espiritualidad, y lo que realmente están haciendo es atropellar a los demás con sus actitudes y palabras.

Para ser justo en mi análisis, es necesario aclarar que no todos los desacuerdos entre el líder y la congregación constituyen abuso espiritual. Los desacuerdos, hasta cierto punto son necesarios en el pueblo de Dios; y la diversidad de opiniones siempre es saludable cuando se "mira con buenos ojos".

El abuso consiste cuando se devalúa la espiritualidad de la otra persona simplemente porque tiene diferentes opiniones. Cada líder cristiano tiene la responsabilidad de guiar al pueblo; y parte de ese trabajo es corregir y muchas veces confrontar ciertas situaciones. Eso no es abuso, pues ellos darán cuenta a Dios en cuanto al llamado que han recibido. La congregación tiene que comprender que el líder tiene un trabajo y ministerio que cumplir, y no se lo debe impedir. La congregación no debe afligir o estorbar al líder; debe ayudarlo en su trabajo para que todos puedan beneficiarse de las bendiciones de Dios. Muchas congregaciones no crecen ni prosperan por la guerra que hay entre los miembros de la congregación y el liderazgo.

Es bien crucial mantener el respeto mutuo entre líder y congregación. A la fuerza no se consigue nada, en los momentos tensos (como los hay en todo lugar), es bien importante que haya sabiduría en la congregación, especialmente en el liderazgo. Cuando el liderazgo está descontrolado e inseguro, sin darse cuenta abusan del poder y acuden a tácticas no muy cristianas para reforzar su posición. El líder abusivo comete un gran error cuando piensa que puede salirse con la suyas y que la congregación es ignorante, Dios le llamara a cuentas. ¡Ya basta, es tiempo de despertar de ese sueño!. La iglesia que es guiada por el Espíritu Santo sabe quiénes son sus líderes y los conoce. Y cuando la congregación se somete a Dios primeramente, no tiene ningún problema en seguir la dirección de sus líderes que andan en la verdad y en el amor.

Cuando el líder y la congregación se pierden el respeto, es cuando vienen los problemas grandes, donde ya no hay diferencias de pensamiento sino insultos y hasta el altar se convierte en plataforma para proferir insultos a los demás miembros que no estén de acuerdo con la "visión del líder".

No obstante todos estos problemas se pueden solucionar cuando Dios esta en control, pero cuando es el Hombre el que esta en control el problema se vuelve cada día mas grande.

1.1 ¿Qué Tan Grande Es El Problema?

Bueno creo que el problema es mas grande de lo que me imaginaba, Los Pastores abusivos están mas ligados a lo que llamamos materialismo, que a las convicciones espirituales y de fe, llana y sencillamente se forman un criterio respecto a los hermanos de la congregación en base a la forma de cómo este miembro esta convencido de lo que es ofrendar, si usted no ofrenda, no puede obtener un servicio de parte de la iglesia, por mucha que sea su necesidad y no ofrenda, no obtiene servicio de parte del líder de la congregación, ese es un punto a analizar, en parte pueda que tengan razón pues hay personas que abusan de los sistemas y los desgastan a lo mejor se estará juzgando mal, a los miembros de una organización, el problema radica en que alguien que fue abusado continuara con el mismo patrón de conducta a no ser que sea cortado de raíz de su corazón por parte de Dios, este líder que teniendo en su pasado este problema, siendo la victima o creyendo ser la victima mas adelante en su caminar va a actuar a la defensiva siempre, y toda opinión si no concuerda con los pensamientos de él, no van a ser aceptada.

Estaré trayendo si es posible entrevistas a personas y hermanos que han pasado por este difícil camino de ser abusados espiritualmente y no saben que hacer y han terminado en sus casas, pues no les cabe en la cabeza de que una persona que se supone les este dando la mano para ayudarlos, sea la persona que los este metiendo en un camino sin salida y este abusando de ellos.

Algunos piensan que la mejor manera de tener a un hermano en los caminos de Dios es abusándolo espiritualmente, lo mejor de todo es cuando quiere usted salir de ese sistema abusivo, la primera palabra que sale del abusador es: **"Traicionaste a Dios y Traicionaste mi confianza en ti",** haciendo énfasis en que traicionaste a Dios, enmascarando la verdadera razón, la cual es que lo has traicionado a el, no a Dios. Con frases como: "Dios me hablo anoche, y me dijo que si la congregación sigue en la actitud de no adorarme, pues, no me manifestare", se manipula a los creyentes, esta es otra de las tantas frases que se escuchan en los pulpitos de nuestras iglesias.

Tu no tienes por que cuestionar al ungido de Dios, pues ha sido Dios que lo puso en ese lugar, las enseñanzas de estos nunca deben ser cuestionadas y menos si usted no es fiel a la iglesia en todo sentido de la palabra, si no ofrenda, no diezma o no coopera en las actividades de la iglesia. Si los cuestionas estas cuestionando a Dios.

La iglesia no puede ser equipada ni perfeccionada sin el trabajo conjunto de los cinco ministerios que son un regalo de Jesucristo para Su cuerpo y significa llevar a ese cuerpo a la madurez, implementando el gobierno teocrático. (Efesios 4:11) "Y él mismo constituyó a unos, apóstoles; a otros, profetas; a otros, evangelistas; a otros, pastores y maestros", pues son dones que no se pueden transferir de un hermano a otro, puesto que son dados por Dios, no por el hombre.

Si Dios va a restaurar LA VERDAD en la Iglesia, lo hará a través del trabajo de los cinco ministerios, y de Su gobierno. Digo esto pues algunos pastores son, valga la redundancia **Apóstoles, Profetas, Evangelistas, Pastores y Maestros,** ninguno mas en la congregación esta capacitado o tiene estos dones, solo ellos o los lideres "aprobados" por el pastor poseen estos dones.

De la misma manera, el pastor es el único que puede aconsejar, y o los ministros aprobados por este, y estos tienen que ver con su circulo de "amigos aprobados", haciendo énfasis a la congregación de que no busquen consejo en nadie que no este aprobado por el pastorado, esto esta correcto en congregaciones sanas donde las integridad de sus miembros es cuidada.

Además Dios no tiene que restaurar nada, el no ha quitado nada, es el hombre que a buscado la forma de subyugar al hombre y que mas que manipulando la palabra de Dios pues la necesidad de amor es tan grande, y la desesperación de muchos lleva a pocos a querer hacerse mártires y así poder abusar de ellos.

Estos son los que verdaderamente tienen el problema, el cual por su ceguera no ven mas allá y en su carrera frenética, arrastran con ellos a muchos.

Jeff VanVonderen dice que el abuso espiritual es lo mismo, al nivel espiritual, como el incesto al nivel físico.

Y si nos ponemos a analizar la realidad es que tiene mucho que ver, pues la congregación es vista como una familia delante de Dios, y si tu abusas de tu hermano, o hermana estas cometiendo incesto. Parece irónica la comparación pero es la realidad en un hogar donde debería existir mutua confianza un miembro de la familia se vuelve abusador, y vulnera la intimidad de algún o algunos miembros de esta, este hermano que por x ó y motivo vivió en carne propia estos síntomas al ceno familiar es al que mas fácil se le hace abusar de los hermanos en la congregación. Ya en este caso se convierte fácilmente en un abusador Espiritual, pasando del incesto carnal al incesto Espiritual.

1.2 Los Falsos Líderes

En la edición anterior reseñe que muchos líderes cristianos esperan que se les siga "ciegamente", sin cuestionar su liderazgo, por lo cual con conceptos aclaratorios y de fundamento espero dar a conocer muy bien quiénes son estos falsos lideres. Gracias a Dios el concepto está en mi, en lo más profundo de mi corazón y lo puedo presentar con sinceridad y llevando el mismo mensaje; nada que ver con lo que pudieran pensar los demás ya que la sabiduría viene de lo alto, no se deje intimidar por estos falsos lideres ellos esperan que usted se confunda fácilmente y tienen las mejores escusas para sus actos. Hay señales con las cuales podemos identificar estos líderes falsos. Siempre están buscando la culpa en los demás.

La mayoría de estos líderes quieren que se les siga ciegamente, pero el verdadero líder está dispuesto a razonar buscando aclarar los puntos de vista que se discuten o si se les cuestiona. No tienen temor a ser confrontados bajo la palabra de Dios, su liderazgo esta cimentado en la palabra divina da ejemplo a través del amor por sus seguidores y no exigen lealtad ciega y sin convicción; ni se dejan llevar por sentimientos, ni llevan a sus seguidores con falsas expectativas.

Usted debe concentrarse en Cristo, no enfoque su vista en el líder pues estos buscan que usted torne su mirada simplemente a ellos, no se deje engañar estos líderes tienen una facilidad y un poder de convencimiento extraordinario, y lo pueden hacer confundir muy fácilmente en lo que atañe al liderazgo subrayando de que el liderazgo no se cuestiona, sin explicar que el liderazgo que no se cuestiona es el de Cristo. Usted debe tener en cuenta a Jesucristo como el principal líder y conductor de su vida, aprenda a discernir al escuchar a estos líderes para que no sea engañado fácilmente, estos líderes falsos ya han perdido la visión es por eso que lo quieren llevar a usted a la misma visión, que en la mayoría de las veces es una utopía.

El control sobre los demás es el factor principal de estos falsos lideres, no encuentran saciedad de poder siempre están buscando más poder no descansan se desvelan en su afán de manipular, son astutos y muy sutilmente pueden engañar a toda una congragación, "No cambien fácilmente de manera de pensar ni se dejen asustar por nadie que diga haber tenido una revelación del Espíritu"), - "que no os dejéis mover fácilmente de vuestro modo de pensar, ni os conturbéis, ni por espíritu, ni por palabra, ni por carta como si fuera nuestra, en el sentido de que el día del Señor está cerca. Nadie os engañe en ninguna manera; porque no vendrá sin que antes venga la apostasía, y se manifieste el hombre de pecado, el hijo de perdición," (2 Tesalonicenses 2.2-3); mucho cuidado con estos que van a venir con citas como esta: "Dios me dijo o, "Dios me reveló" son expertos hablando en lenguas y más cuando están en medio de una congragación con la doctrina del bautismo en lenguas; Y aunque creo de todo corazón y con todas mis fuerzas que Dios habla y se revela en nuestros días; también creo que hay personas que "usan" esas tácticas para manipular y controlar a los demás. Definitivamente no se deje llevar como oveja mansa al matadero, despierte.

Estos falsos lideres creen tener la verdad de parte de Dios para con su seguidores, pero lo que me he dado cuenta es que son expertos en la manipulación de información, esperan que usted le cuente con detalle todos sus asuntos personales, para a su debido tiempo venir con revelaciones de parte de Dios, son tan sínicos que le hacen creer a los hermanos que es Dios el que les revela, lo que en un momento de debilidad emocional usted le conto bajo la promesa de confidencialidad, se aprovecha de la debilidad de carácter, de la ignorancia, y de la fragilidad de muchos hermanos para así llevar a cabo su plan macabro de manipular a su antojo a estos que de una u otra manera han caído en sus garras. Llegan hasta el colmo de la desfachatez de querer manejar la vida personal de los hermanos de la congregación, utilizando muy sutilmente las confesiones que los hermanos le han hecho a estos falsos lideres;' llegando al descaro de decir que todo eso que le van a decir a sido una revelación divina muy bien acomodada para que los hermanos no se den cuenta que simplemente están utilizando lo que ellos contaron anteriormente a estos líderes. Hermanos no se dejen enredar en la lengua de estos líderes astutos.

"Amados, no creáis a todo espíritu, sino probad los espíritus si son de Dios; porque muchos falsos profetas han salido por el mundo." (1ª De Juan 4:1) esta advertencia la hace la biblia; así que debemos prestar atención a lo que esta nos enseña, estos líderes se nos presentaran, muy amablemente y con una supuesta autoridad de parte de Dios, debemos estar atentos a lo que se nos presenta como verdad absoluta por estos líderes deshonestos. Los que por alguna razón siempre están poniendo la escusa de que el ungido no se debe cuestionar o son unos abusadores o van camino a ser manipuladores o abusadores. Cada día esta amenaza crece más ya que el pudor y la moral se han perdido. Al igual que los de Berea tenemos que comprobar las Escrituras. Tenemos que probar los espíritus, para discernir si un mensaje es la verdad que viene de Dios. Por lo tanto, no debemos solamente aceptar lo que algún maestro o predicador está diciendo; debemos examinar lo que enseña. Estamos viviendo una etapa de crisis espiritual en la iglesia, el mismo Jesús nos advierte en el libro de Mateo capitulo 24 verso 4 "Mirad que nadie os engañe" estos falsos lideres están llenando nuestros templos; no debemos dejarnos impresionar con la manifestación de poder, pues hasta los espíritus malignos hacen prodigios. En Mateo Jesús nos advierte que esto va a pasar con frecuencia.

La Escritura nos advierte acerca de estos falsos líderes, Jesús en Mateo 7:15-23 no dice:

"Guardaos de los falsos profetas, que vienen a vosotros con vestidos de ovejas, pero por dentro son lobos rapaces.

Por sus frutos los conoceréis. ¿Acaso se recogen uvas de los espinos, o higos de los abrojos?

Así, todo buen árbol da buenos frutos, pero el árbol malo da frutos malos.

No puede el buen árbol dar malos frutos, ni el árbol malo dar frutos buenos.

Todo árbol que no da buen fruto, es cortado y echado en el fuego.

Así que, por sus frutos los conoceréis.

No todo el que me dice: Señor, Señor, entrará en el reino de los cielos, sino el que hace la voluntad de mi Padre que está en los cielos.

Muchos me dirán en aquel día: Señor, Señor, ¿no profetizamos en tu nombre, y en tu nombre echamos fuera demonios, y en tu nombre hicimos muchos milagros?

Y entonces les declararé: Nunca os conocí; apartaos de mí, hacedores de maldad."

Muchas personas han tenido "encuentros" con "supuestos profetas", que le han querido manipular y controlar, porque "Dios les ha revelado algo". Pero a ellos se les ha olvidado que el Espíritu Santo nos guía y nos da testimonio personal, o sea, nos da testimonio individualmente de Su perfecta voluntad.

Jesús dijo: "[13] Pero cuando venga el Espíritu de verdad, él os guiará a toda la verdad; porque no hablará por su propia cuenta, sino que hablará todo lo que oyere, y os hará saber las cosas que habrán de venir. [14] El me glorificará; porque tomará de lo mío, y os lo hará saber. [15] Todo lo que tiene el Padre es mío; por eso dije que tomará de lo mío, y os lo hará saber." (Juan 16:13-15)

Y más aun, nos da palabra de verdad, también nos enseña que hay una promesa y es la del Espíritu Santo, en Juan capitulo 14 versos 16 y 17 nos dice: "Y Yo rogare al Padre, y os dará otro consolador, para que este con vosotros para siempre: el Espíritu de verdad, al cual el mundo no puede recibir, porque no le ve, ni le conoce; pero vosotros le conocéis, porque mora con vosotros, y estará en vosotros."

Es interesante cómo éstas personas **"se creen que son expertos en la voluntad de Dios para la vida personal de otros"**. Alguien cuenta que una vez lo visitó a su oficina un hombre con una "revelación" o "mensaje divino", según decía él. Para ese entonces el le estaba orando a Dios por una decisión muy importante que debía tomar; y después de un tiempo "se aparece ese profeta", diciéndole que "tuviera cuidado con lo que iba a hacer", y que "el podía confiar en él, porque Dios lo había enviado a ayudarle". Mientras él "revelaba" su mensaje "profético", en su interior este hermano era avisado de parte de Dios que no le confiara nada a este individuo pues lo único que quería era averiguar la vida personal del hermano. Amados hermanos, Dios no se equivoca; Dios es un Dios de orden. Más tarde cuenta el hermano haber visto las evidencias de la falsedad de este individuo, que sólo tenía una agenda personal y egoísta.

La palabra de Dios nos guía, por eso entre sus líneas encontramos versos que nos advierten sobre estos falsos lideres desde el antiguo testamento hasta el nuevo testamento, Dios nos muestra que estos falsos maestros y falsos lideres estarán presente en nuestras congregaciones, no debemos creer en todo lo que se nos dice sin antes no verificar en la Palabra

El problema que hay es que estos líderes se apoyan en la idea de que estamos en los últimos tiempos

Definitivamente no podemos seguir "ciegamente" a los hombres, aunque éstos afirmen que "hablan con la autoridad de Dios". En muchos pasajes la Biblia nos advierte sobre esto: "Amados, no creáis a todo espíritu, sino probad los espíritus si son de Dios; porque muchos falsos profetas han salido por el mundo." (1 Juan 4:1 versión Reina Valera de 1960). Debemos considerar esta advertencia bíblica bien seria, para no ser fácilmente engañados por estos líderes abusadores, debemos examinar detalladamente lo que se nos dice escudriñando las escrituras, en Hechos capitulo 17:11 dice "Y éstos eran más nobles que los que estaban en Tesalónica, pues recibieron la palabra con toda solicitud, escudriñando cada día las Escrituras para ver si estas cosas eran así" así mismo Juan en el libro de Apocalipsis nos deja bien claro el mensaje "Yo conozco tus obras, y tu arduo trabajo y paciencia; y que no puedes soportar a los malos, y has probado a los que se dicen ser apóstoles, y no lo son, y los has hallado mentirosos; (Apocalipsis 2:2)

Nosotros debemos seguir a Cristo y no a los hombres, debemos aprender a distinguir el verdadero liderazgo, 1:7 Porque muchos engañadores han salido por el mundo, que no confiesan que Jesucristo ha venido en carne. Quien esto hace es el engañador y el anticristo. (2ª de Juan 1:7) estos falsos lideres tienen un poder de convencimiento extraordinario, son capaces de engañar fácilmente a cualquiera de forma convincente, tienen una facilidad de hablar con buenos discursos en los pulpitos.

La clave es no dejarse influenciar, pues a veces los líderes son influenciados de tal manera por Satanás que sin saberlo llevan a sus seguidores por caminos errados, esto no quiere decir que aunque sepamos que es Satanás que ha influenciado al líder lo sigamos simplemente porque es nuestro líder, lastimosamente algunos de estos tiene un poder de convencimiento tremendo, haciéndose llamar líderes espirituales, hasta padres espirituales y si los hermanos no los reconocen como padres espirituales estos tildan a los hermanos como desobedientes a la palabra de Dios y al mandato divino que Dios les ha dado como cabeza de la congragación a la cual dirigen.

Debemos aprender a comprobar los espíritus, y a probar a nuestros líderes, 1ra de Juan Capitulo 5:5-12 dice: *"¿Quién es el que vence al mundo, sino el que cree que Jesús es el Hijo de Dios?*

Este es Jesucristo, que vino mediante agua y sangre; no mediante agua solamente, sino mediante agua y sangre. Y el Espíritu es el que da testimonio; porque el Espíritu es la verdad.

Porque tres son los que dan testimonio en el cielo: el Padre, el Verbo y el Espíritu Santo; y estos tres son uno.

Y tres son los que dan testimonio en la tierra: el Espíritu, el agua y la sangre; y estos tres concuerdan.

Si recibimos el testimonio de los hombres, mayor es el testimonio de Dios; porque este es el testimonio con que Dios ha testificado acerca de su Hijo.

El que cree en el Hijo de Dios, tiene el testimonio en sí mismo; el que no cree a Dios, le ha hecho mentiroso, porque no ha creído en el testimonio que Dios ha dado acerca de su Hijo.

Y este es el testimonio: que Dios nos ha dado vida eterna; y esta vida está en su Hijo.

El que tiene al Hijo, tiene la vida; el que no tiene al Hijo de Dios no tiene la vida. ",

El hijo nos da el testimonio de verdad y no podemos dejar que nadie nos quite la libertad que Jesús nos ha dado cuando venció la muerte en la cruz del calvario.

"Entonces habló Jesús a la gente y a sus discípulos, diciendo:

En la cátedra de Moisés se sientan los escribas y los fariseos.

Así que, todo lo que os digan que guardéis, guardadlo y hacedlo; mas no hagáis conforme a sus obras, porque dicen, y no hacen.

Porque atan cargas pesadas y difíciles de llevar, y las ponen sobre los hombros de los hombres; pero ellos ni con un dedo quieren moverlas.

Antes, hacen todas sus obras para ser vistos por los hombres. Pues ensanchan sus filacterias, y extienden los flecos de sus mantos;

y aman los primeros asientos en las cenas, y las primeras sillas en las sinagogas,

y las salutaciones en las plazas, y que los hombres los llamen: Rabí, Rabí.

Pero vosotros no queráis que os llamen Rabí; porque uno es vuestro Maestro, el Cristo, y todos vosotros sois hermanos.

Y no llaméis padre vuestro a nadie en la tierra; porque uno es vuestro Padre, el que está en los cielos.

Ni seáis llamados maestros; porque uno es vuestro Maestro, el Cristo.

El que es el mayor de vosotros, sea vuestro siervo.

Porque el que se enaltece será humillado, y el que se humilla será enaltecido ".[2]

Cada día me voy convenciendo de que los líderes falsos no son unos cuantos sino muchos y que cada día se vuelven más manipuladores, aprenden mas y con su experiencia en el ministerio de la manipulación son capaces de llevar a cabo su propio cometido y la voluntad de Dios es socavada y pisoteada. La verdad es que Dios los llamara a cuenta, como es posible que sigan actuando de esa manera.

1.2.a Perfil De Un Líder Abusador

El perfil de un líder abusador y manipulador varía con su conocimiento en el pastoreo, lo primero que se refleja en un líder abusador es su forma como trata a su congregación la cual la mantiene bajo la amenaza de que todo lo que hacen es visto por Dios, usan lealtad y sumisión, la mayor parte viene de lugares en donde el abuso fue el pan de cada día, lo peor es que es en nuestras iglesias en donde se encuentra todo este abuso, "La mayor amenaza de la iglesia

---

[2] Mateo 23:1-12, Reina Valera, 1960.

hoy no viene de afuera sino de adentro, de nuestro propio liderazgo".[3]

Esos pastores que siempre mantienen resaltando o diciendo que "ellos son los ungidos de Dios", "son dirigidos por Dios", "Dios los puso en ese lugar para liderar su pueblo" y utilizan esto para que otros los traten con reverencia, logran de esa manera mantener una sujeción de sus miembros y así poderlos controlar mas fácilmente y así mismo defenderse de todo lo que puedan decir de ellos, se hacen llamar padres espirituales cuando la misma palabra dice que no llamemos padre vuestro a nadie en la tierra, porque uno es vuestro padres, el que está en los cielos.

Esos pastores en vez de alimentar a las ovejas con un buen alimento espiritual, lo que hacen es alimentarse de las ovejas y los usan para satisfacer sus necesidades de poder egoísta y mal sano, "Pablo enseñó que el cuerpo de Cristo es un organismo vivo no jerárquico".[4]

Estos siempre buscan la forma de ganarse la confianza de los hermanos y así poder tumbar la vulnerabilidad de una persona que es analfabeta.

Luego abusando de esa confianza entonces empiezan a manipular a los miembros de su congregación en otras ocasiones no se presenta este abuso económico también se pueden presentar abusos sexuales por parte de pastores y nunca salir a relucir ese problema.

Las complicidades de los allegados de los pastores que abusan juegan una parte crucial para implementar y perpetuar dicha explotación. Por lo general se trata de

---

[3]   Philip Keller, Predators in our Pulpits, (Eugene, Ore.: Harvest House, 1988), 12.
[4]   Efesios 4:12, Reina Valera, 1960.

complicidades pasivas por parte de asistentes o colegas de los ministros que se dan cuenta de que están ocurriendo ilícitos pero optan por guardar silencio y no hacer nada al respecto.

Estos muestran una empatía "falsa" hacia los demás, se muestran con mucho amor "exagerado" a la obra, hacen cómplices a líderes que por su vulnerabilidad o ignorancia están con ellos, utilizan el chantaje, la intimidación, por ejemplo si un líder o hermano dice que tienen miedo pues el Señor le revelo un sueño, lo primero que le dicen es "ese sueño no es de Dios, pues Dios no produce miedo", así que no se hable mas de ese sueño.

Estos comportamientos egoístas crean ambientes propicios para que ocurran abusos religiosos más graves y frecuentes.

No solo eso, esto también se puede extender a los ministros que están bajo su mando, los cuales comparten las mismas ideas del abusador principal, ayudando a perpetuar el trabajo abusador, y así darle una mayor credibilidad a lo que el pastor principal este haciendo, o se apoya y avala ese trabajo de abusador.

La dejadez, el abandono de un porcentaje muy elevado de personas a dejarse llevar y manipular, a permitir que otros piensen por ellos, gracias a sus pocos recursos intelectuales, hasta el extremo de desear creer en lo que sea con tal de obtener un poco de la esperanza que les ofrecen una serie de mentirosos basándose en fraudes declarados es lo que hace mas fácil para estos depredadores obtener su triunfo.

1.3 Posibles Evidencias De Opresión Espiritual

Un tipo clásico de abuso espiritual se produce cuando, desde una posición de autoridad, un ministro entiende que sus pensamientos y opiniones son supremas y que, por lógica, cuando él dice algo, a los demás lo único que les queda es aceptar, acatar, obedecer, etc. y por ningún motivo hablar y mucho menos objetar o cuestionar.

Cuando el líder dice haber recibido mensaje de parte de Dios y otro hermano quiere opinar de lo mismo diciendo que también había sentido lo mismo, este líder dice que no viene al caso y que se puede hablar de eso en otra ocasión, eso es evidencia de abuso espiritual, Hay abuso espiritual cuando un líder usa su posición espiritual para controlar o dominar a otra persona, cuando se crean leyes en las cuales, con estas se quieren regir los estatutos de una congregación y estas leyes son básicamente establecidas para que un tipo determinado de personas sean los que cumplan con los requisitos de esta norma eso es abuso espiritual, es entonces cuando debemos prestar atención a este problema, en algunos casos no se ve directamente por ejemplo, se tiene una reunión para resolver algún asunto de la congregación entonces hay que determinar ciertos grupos de trabajo lo primero que dice el líder abusivo es "Yo estoy en el grupo espiritual exclusivamente para orar, así que no me tomen en cuenta para ningún otro trabajo" ¿realmente se puede ver si existen evidencias de abuso espiritual?, creo que si.

El comportamiento de los hermanos en la iglesia varía mucho, la baja estima de si mismos y la valoración de su identidad, la confusión en sus pensamientos relacionados a la doctrina.

La dificultad en creer en lo que se le dice de la Palabra de Dios.

Pensamientos en los cuales la persona cree que lo que diga va a ser objeto de burla y rechazo por parte de los demás.

Distorsiones de la perceptividad, percibir enojo, hostilidad, en otros cuando no existen realmente, ver solamente juicio en las escrituras, y siempre están reservados y a la defensiva.

Estas personas pueden tener odio y amargura hacia otros sin motivo alguno justificado.

Profunda depresión y abatimiento (frecuente y periódicamente)

Temores irracionales - ataques de pánico – fobias.

Suelen tener un comportamiento compulsivo, siempre están tratando de hacer lo mejor para el Señor. Se tienen cambios bruscos de personalidad parecen esquizofrénicos, Incapacidad frecuente de mirar a los ojos de los demás directamente, mentir, exagerar, o robar compulsivamente (a menudo sin saber por qué).

Obsesiones con la comida - bulimia, anorexia nerviosa.

Risa o llanto irracional.

Violencia irracional, tratan de lastimarse a sí mismo, o a otros.

Verborrea repentina o hablar en una lengua desconocida (generalmente un lenguaje étnico ancestral. "Creer hablar en lenguas").

Reacciones contra el nombre y la sangre de Jesucristo (verbales o con lenguaje corporal)

Inquietud desmedida (especialmente en un ambiente espiritual)

Lenguaje incontrolablemente burlón e incisivo.

Acciones y lenguaje vulgares.

Además podemos ver problemas de conciencia tales como:

Pérdida de tiempo, hacer cosas regularmente sin recordar después.

Demostración de habilidades extraordinarias. Percibir voces que se comunican con ellos.

También podemos ver como presentan problemas de salud tales como dolor de cabeza, y lo mejor de todo sin explicación. Dolores del cuerpo, espasmos musculares dolores de espalda, que se van simplemente cuando se ora por ese dolor, sufren de severa jaqueca repentina, repentinos enfriamientos o calor abrumador en el cuerpo, entumecimiento de brazos o piernas, parálisis temporaria.

Si una persona tiene sólo uno o dos o hasta tres de los síntomas descriptos anteriormente, entonces probablemente no hay mucho de qué preocuparse. Pero si un gran número de esos síntomas pueden verificarse, hay apariencia de una medida de opresión espiritual que está teniendo lugar esta. Esto debería ser verificado. Después de todo, no hay nada que perder si se hace, excepto el orgullo.

"Era una mañana como muchas otras en el culto dominical de la Iglesia. El hermano Pablo estaba al frente recolectando las ofrendas con su muy particular estilo. Con gran carisma personal y una habilidad impresionante para convencer a la gente, invitaba y desafiaba a los congregantes a poner la mayor cantidad de dinero posible en el cesto de las ofrendas que estaba al frente del altar. Entre chistes, exhortaciones bíblicas y promesas, pedía que pasaran al frente primero los que iban a poner un billete de 50. Algunos se levantaron entonces y, pasando al frente, lo depositaron ante su mirada de aprobación. Cuando nadie más respondió a este llamado entonces les hizo la invitación a que pasaran los que podían dar 40. En ese lugar lleno de pobreza, por lo general sólo la gente de buenas posibilidades económicas respondía a esos dos llamados.

Mientras esto pasaba, al fondo de la improvisada carpa había algunas personas que se sentían incómodas con la escena que estaban presenciando. Era la gente más pobre de la congregación. Gente como la señora. Maria Del Carmen, una antigua asistente que vivía en una casa con techo de cartón junto con sus hijos y que a duras penas completaba para el gasto."

La oferta fue bajando hasta que finalmente se llamó a la gente que sólo podía ofrendar diez, y luego cinco pesos. Maria Del Carmen se paró, puso su ofrenda en el cesto y regresó a su lugar. Su incomodidad era notoria, pero no era por haber dado su dinero. Al contrario. Se sentía mal por no poder *dar más* y así ganarse la aprobación del hermano Guillermo y del pastor. Ambos perdían visiblemente el entusiasmo, conforme se iba acabando el momento de que pasaban los que podían ofrendar más. La señora Del Carmen ignoraba que estaba siendo víctima de un método de manipulación en donde la idea es avergonzar públicamente a aquellos asistentes que no ofrendan grandes cantidades para así presionarlos a dar más. Doña Del Carmen no podía darse cuenta de esto porque nunca hubiera imaginado que su pastor sería capaz de algo así. Él, de acuerdo con lo que le habían enseñado, era un siervo de Dios, y no había que cuestionarle en nada.

Estos son los casos que a menudo se ven en nuestras iglesias, en este caso podríamos decir que es un caso aislado ¡pero no! No es así, actualmente la mayoría de las iglesias se están centrando en la prosperidad, y ¿como viene prosperidad? pues dando más; su prosperidad es medida por la cantidad de dinero que usted ofrenda.

1.4 Un Testimonio Para Reflexionar

En esta parte se ha cambiado el nombre de la persona que a dado su testimonio por razones obvias, pero esto no quiere decir que la persona tenga temor a represalias, esta persona esta bien clara en lo que quiere y su corazón esta con Dios pero no esta de acuerdo con las personas que tratan de manipular a otros.

Entrevista:
Quiero darle las gracias por escucharme y permitir que me exprese, primero que todo quiero hablarle de una de las señales con la que me encontré, fue que le manifiestan a uno las cosas, de una manera en que lo anclan para no indagar más allá, con un autoritarismo.

Cosas tales como que uno no pude escuchar a otras personas que no pertenecen a su concilio porque es adulterio espiritual, pero no le dicen, ni le despejan las dudas para no caer en este adulterio espiritual.

¿Puede Explicar mejor ese punto?

Es que la mayoría de estos lideres lo que buscan es el dinero y no les importa la verdad, mire que muchos empiezan con buenas intenciones, creyendo lo que otro les compartieron, pero al final se dan cuenta del engaño pero continúan con el ya que le importa mas la gloria de los hombres que la de Dios.

Pero se Cumple la Palabra, donde dice que le importa mas la gloria de los hombres que la gloria de Dios, ellos se dan cuenta de la verdad, pero la ceguera del poder los lleva a no querer cambiar;

Juan Cáp. 12:43-50
[43])*Porque amaban más la gloria de los hombres que la gloria de Dios.*

[44])*Jesús clamó y dijo: El que cree en mí, no cree en mí, sino en el que me envió;*

[45])*y el que me ve, ve al que me envió.*

[46])*Yo, la luz, he venido al mundo, para que todo aquel que cree en mí no permanezca en tinieblas.*

[47])*Al que oye mis palabras, y no las guarda, yo no le juzgo; porque no he venido a juzgar al mundo, sino a salvar al mundo.*

[48])*El que me rechaza, y no recibe mis palabras, tiene quien le juzgue; la palabra que he hablado, ella le juzgará en el día postrero.*

[49])*Porque yo no he hablado por mi propia cuenta; el Padre que me envió, él me dio mandamiento de lo que he de decir, y de lo que he de hablar.*

[50])*Y sé que su mandamiento es vida eterna. Así pues, lo que yo hablo, lo hablo como el Padre me lo ha dicho.*[5]

Recuerde que eso viene desde el Edén, cuando el hombre se dejo cambiar por la aparente sabiduría.

Además estos no estarán a la diestra de Dios como dice efesios 1:20, porque la Palabra de Dios dice que el va a colocar a la derecha a los que hacen su voluntad y a la izquierda a los que no, recuerde que le dirán que en su nombre echaron fuera demonios, que hicieron señales pero el Señor les dirá apartaos de mi hacedores de maldad.

¿Usted hablo algo del liderazgo orientado al control, puede decir algo?

---

[5]   La Santa Biblia, Versión Reina y Valera, revisión 1960, Holman Bible Publishers, Nashville TN, 1988

Con respecto al liderazgo orientado hacia el control, dice la Palabra de Dios que uno no debe enseñorearse de la grei de Dios, uno tiene que analizar las artimañas utilizadas por los líderes religiosos y con la mano en la Biblia desmostar sus maquinaciones, uno debe tomar estas palabras y a la luz de la Biblia pasarlas por el filtro, aunque sabemos que la Palabra dice que no hay justificación alguna.

Recuerde que no todos son hermanos, solo los que hacen la voluntad del Padre, si sabiendo que la cizaña crece con el trigo, es por eso que debemos tener cuidado, a veces hay mas cizaña que trigo.

¿Entonces que se Puede hacer?

Otra cosa que se debe tener en cuenta es que uno debe presentar defensa del evangelio ante todo aquel que lo quebrante.

Otra cosa es que el que inocentemente peca, inocente mente se condena.

(Judas 1:3)

"Amados, por la gran solicitud que tenía de escribiros acerca de nuestra común salvación, me ha sido necesario escribiros exhortándoos que contendáis ardientemente por la fe que ha sido una vez dada a los santos."

porque la Biblia fue revelada para todos, el problema es lo que la gente la quiera leer y aplicar, es como cuando uno compra una PC (un computador) y no lee el manual, pero se daña la PC por mal uso, la culpa de quien es, del constructor o del que la uso.

¿Entonces que pasa donde no ha llegado el evangelio?

Con respecto a los lugares donde no ha llegado el evangelio, dice la Palabra que la venida del Señor no será *hasta que todas las personas hallan escuchado el mensaje de salvación, bien claro, es lo que dice la Palabra.*

Esta falta de conocimiento la utilizan como pretexto para envolver a la gente en las mentiras, por falta del conocimiento de la palabra.

(Oseas 4:1-6)

1) Oíd palabra de Jehová, hijos de Israel, porque Jehová contiende con los moradores de la tierra; porque no hay verdad, ni misericordia, ni conocimiento de Dios en la tierra.

2) Perjurar, mentir, matar, hurtar y adulterar prevalecen, y homicidio tras homicidio se suceden.

3) Por lo cual se enlutará la tierra, y se extenuará todo morador de ella, con las bestias del campo y las aves del cielo; y aun los peces del mar morirán. Y la verdad os hará libres, dice la palabra, no es importante lo que la gente piense sino lo que el Padre piense de nosotros, como le decía, tomar los comentarios y experiencias vividas por las personas que han Sido azotadas por estos y así mismo con la Palabra destruir sus argumentaciones.

(Judas 1:3) dice: Amados, por la gran solicitud que tenía de escribiros acerca de nuestra común salvación, me ha sido necesario escribiros exhortándoos que contendáis ardientemente por la fe que ha sido una vez dada a los santos.

El problema no es eso, lo que pasa es que si alguien quiere dejar una iglesia abusiva se le es difícil, creo que se vuelven codependientes, como los drogadictos, que si no tienen la droga no se sienten bien, y eso es enfermedad.

Pero la Palabra de Dios dice que El añade a la iglesia a los que van a ser salvos, recuerde lo que pasa en el capitulo

12 de Juan, las personas están siguiendo más una posición que la verdad. Entonces ese ya es problema de ellos y no de nosotros, porque hemos hecho conforme a la Palabra.

Por ejemplo una pareja donde el fue líder de parejas y la mujer líder de jóvenes, pero el se dio cuenta de los manejos que se hacían con las ofrendas y como engañaban a los feligreses, a pesar de ser lideres tuvieron una calamidad domestica y les dieron la espalda.

¿Entonces usted cree que no se puede hacer nada y que hay que dejar las cosas como están?

Creo que lo que usted quiere hacer esta bien el tratar de exponer unos puntos de vista bien claros, pues en ese tipo de iglesias no les importa de donde salga el dinero sino que este llegue; muchas de estas iglesias son sostenidas por personas que cometen hechos ilícitos, y lo utilizan los feligreses como un método de lavado de culpas, como el dicho que dice "el que peca y reza empata", es un lavado disimulado, prohíben las rifas pero ellos si las pueden hacer, prohíben actos ilícitos, pero cuando llegan los ofrendas de las cosas ilícitas lo reciben.

(Por ejemplo, oí que cuando el problema de las torres gemelas, paso algo... y fue que como cambiaron las leyes y ahora todo es terrorismo, los hermanos de las iglesias (hermanos sin documentos) pasaron a un segundo plano en lo que es la logística de las iglesias, pero viene lo mejor, primero, estos hermanos, predicaban, enseñaban, y muchas cosas mas, cuando vino esto del cambio de las leyes, eso cambio pero en lo único que no cambio fue en los ofrendas de todas maneras deben seguir ofrendando.

¿Con respecto a estos hermanos que se puede hacer?

Primero, no llames hermano a todo el mundo, no todos son hermanos solo el que hace la voluntad del Padre.

Te cuento que un día alguien me dijo lo mismo, pero le conté una historia

por el parque hay unas palmeras y en ellas descansaban una golondrinas bueno esas golondrinas ya no viven en las palmeras sino en las cuerdas de energía, yo le decía que primero empezó una y les comento a las demás, pero las demás se reían de ella porque estaba en ese lugar, dizque estaba loca porque esa no era la costumbre, pero después de un tiempo y de ver que este disfrutaba de la brisa marina y de los olores de comida, ya que hay ventas de comida se acercaron a experimentar y les gusto, una persona convencida de lo que quiere y con bases sólidas puede lograr lo que muchos en su intento no han logrado, recuerde tenemos varios ejemplo, y el mas grande el del Señor Jesús, Pablo y los apóstoles.

Recuerde Filipenses 4:13

Siempre estoy pensando en eso pues la gente se ha olvidado de eso.

Le enseño un método, ¿recuerda que antes cuando querían comer frijoles los dejaba en agua remojando el día anterior para que se ablandaran para la mañana siguiente y cuando lo colocaran en la olla a presión, no se demorara? Así debemos hacer, la Oración es un método de ablandante para las personas.

La Palabra de Dios dice que nada se mueve sin su voluntad y que el es el que coloca el querer como el hacer, si nos comunicamos con el, El hará que esas personas estén prestas a escuchar el evangelio de salvación.

Recuerde que El Señor Jesús oraba antes de ejecutar las acciones del día
y la cuestión no es que sea larga o corta sino conforme a la voluntad de Dios Es el caso de todas las iglesias, el hambre es mala consejera siempre ha sucedido así, en todo lo que se trata de manipulación ya que el método utilizado para manipular son las falsas promesas.

¡Explique mejor!
Si, aun se les manifiesta que las ofrendas adelantadas, les trae bendición, si quieren dinero, ofrenden la cantidad que desean para que Dios los escuche
las citas de edificación son utilizadas como artimaña para manipular el pago
Claro, por eso le decía lo que dice Oseas 4:6 es por la experiencia vivida, en este tipo de iglesias, yo tenía acceso a es cuchar los manejos que se hacían con la plata; y entre ellos cuando los lideres mayores necesitaban dinero solo lo pedían y se los hacían llegar, justificando las salidas del dinero en inversiones sin sentido en las otras iglesias de la ciudad.

¿Y que mas vio cuando hacia parte de la junta directiva?
Los regalos para los lideres eran en plata, no en especies pensando en el tema, hay también otra situación, las iglesia viendo su potencial de manipulación, lo están utilizando para la política mire que la artimaña que utilizan, es decir que cuando los justos gobiernan el pueblo se alegra entonces hay que elegir a los dizque cristianos para que

gobiernen bien pero lo que no se dan cuenta es que este se la goza a costa de los feligreses además si Jesús hubiera querido ser presidente lo habría hecho ya que el es el Rey de Reyes la Palabra de Dios condena ese tipo de practicas los pastores no deben involucrarse demasiado en ese tipo de actividades.

Pues eso es una grosería, un atropello contra las escrituras, la Palabra de Dios dice que muchos se irán tras fabulas y apostataran de la fe.

Además la palabra de Dios dice que cuando reconocen su pecado deben arrepentirse, confesar a Cristo, Arrepentirse de sus pecados, Bautizarse para el perdón de los pecados y perseverar en la doctrina de los Apóstoles (el evangelio). Mire lo que dice en Eclesiastés 9:4 "Aún hay esperanza para todo aquel que está entre los vivos; porque mejor es perro vivo que león muerto."

¿Tiene alguna otra objeción contra estos líderes?

Ahora con respecto a los que se dicen ser Apóstoles, tengo mi propia opinión, pues un apóstol alguien quien estuvo al lado de Jesús, personalmente, esos de ahora solo lo hacen con el objeto de manipular mas fácil.

La Palabra de Dios habla específicamente de ellos, no de otros, esos tales no tienen titulo, son falsos maestros, porque la Palabra habla de unos Apóstoles, los discípulos de Jesús, no otros.

Por eso es importante leer bien las Escrituras para poder derribar esas fortalezas que destruyen, el evangelio se ha convertido en una plaza de mercado donde compra el que quiere y vende el que mas labia tiene, pero te cuento que aun lo que estamos haciendo nos sirve para desatar ligaduras.

Por ejemplo el lugar donde asisto, es verdad que ese lugar no es de mi agrado en su totalidad y que su doctrina me enerva pero una cosa es el lugar y otra las personas que están siendo manipuladas.

El problema es que las personas que están siendo abusadas se encasillan tanto en los esquemas implantados por los falsos maestros que terminan bloqueados para la Palabra, claro, la solución es la misma Palabra, solo es necesario que nos busquemos oportunidades para hacerlos caer en cuenta, lo que le decía de encontrar primeros sus fortalezas y luego destruirlas con la Palabra mire, que yo tenia la gran mayoría de los libros de la iglesia donde asistía, y para que no me los pidieran mas los queme todos.

Verdaderamente, no se que pensar pero lo que es el conocimiento de la verdad por medio de la palabra, nadie me lo va a quitar. Gracias por escucharme.

Fue un placer.

CAPÍTULO 2

IGLESIAS ABUSADORAS

2.1 Señales De Advertencia De Un Sistema Abusivo

De primera instancia no muchos estarán de acuerdo con lo que voy a exponer, pero como en todo, siempre va a haber alguien que opine lo contrario expondré mis puntos de vista y usted querido hermano querido lector tendrá la última palabra,

"[30)] Cosa espantosa y fea es hecha en la tierra; [31)] los profetas profetizaron mentira, y los sacerdotes dirigían por manos de ellos; y mi pueblo así lo quiso. ¿Qué, pues, haréis cuando llegue el fin? (Jeremías 5:30-31)

[13)] Porque desde el más chico de ellos hasta el más grande, cada uno sigue la avaricia; y desde el profeta hasta el sacerdote, todos son engañadores. [14)]Y curan la herida de mi pueblo con liviandad, diciendo: Paz, paz; y no hay paz. (Jeremías 6:13-14)

Y veremos que con estos "hombres de Dios", la verdadera necesidad de los hermanos o de las personas se pierde en la frenética búsqueda de suplir sus propias necesidades.

Obviamente en necesario que nos congreguemos para obtener un crecimiento espiritual, pero si nos encontramos asistiendo a una iglesia para solo darle gusto al pastor o a algunos lideres, entonces creo que estamos equivocados; por que simplemente estamos buscando el favor de estos y no el favor de Dios.

Quiero citar algunas de las características que creo que las iglesias abusadoras presentan:

2.1.a Liderazgo Orientado Hacia El Control:

Una característica fundamental de una iglesia abusadora es el liderazgo orientado hacia el control. El líder de una iglesia abusadora es dogmático, autosuficiente, arrogante y el punto focal espiritual en la vida de sus seguidores.

El líder supone que está más sintonizado espiritualmente con Dios que nadie más. Afirma tener una comprensión de la Biblia que nadie más tiene. O tal vez diga que recibe revelaciones personales de Dios, las tareas de la iglesia están designadas a los hermanos, el trabajo físico lo hacen los estos y el trabajo espiritual lo hace el líder (ellos creen que son los únicos conectados con el Señor". Debido a estas afirmaciones, la posición y las creencias del líder no pueden ser cuestionadas; sus afirmaciones son concluyentes.

Para miembros de este tipo de iglesia o grupo, cuestionar al líder equivale a cuestionar a Dios.

Si bien el líder tal vez no diga esto, pero esta actitud se ve claramente por el tratamiento de quienes se atreven a cuestionar o desafiar al líder. El líder del movimiento suele tomar decisiones personales por sus seguidores. El pensamiento individual está prohibido; de esta forma, los seguidores se vuelven dependientes del líder, en algunos casos hasta el extremo de decirles como se deben vestir o comportar y con quien deben tener amistad.

2.1.b Manipulación De Los Miembros:

Las iglesias abusadoras se caracterizan por la manipulación de sus miembros centrados en la "obediencia o la desobediencia a Dios".

La manipulación es el uso de fuerzas exteriores para lograr que otros hagan lo que alguien quiere que hagan. Aquí la manipulación se usa para hacer que las personas se sometan al liderazgo de la iglesia. Las tácticas de manipulación incluyen el uso de la culpa, la intimidación y las amenazas de juicio divino de parte de Dios por la desobediencia. A menudo, se lleva a cabo una dura disciplina pública para promover el ridículo y la humillación de alguien que haya cuestionado al pastor o líder de la congregación.

Otra táctica es la filosofía del "pastoreo". Según se practica en muchas iglesias abusadoras, esta filosofía requiere que cada miembro responda personalmente ante otra persona de mayor experiencia. Uno debe revelar todos sus pensamientos y sentimientos personales a esa persona y discutir con ella sus decisiones futuras. Esta información personal no se usa para ayudar al miembro sino para controlarlo.

Otra forma de control es el aislamiento. Las iglesias abusadoras pueden interrumpir el contacto entre un nuevo miembro y su familia, amigos y toda otra persona no asociada con la iglesia. El aislamiento espiritual también es una forma de abuso, ¿como trabaja esto? Bueno creo que se basa en la muy mal enfocada idea de que el o los hermanos le quieren hacer daño al pastor, predicando cosas totalmente diferente al pensamiento del pastor es por eso que ese pastor abusador no deja que nadie mas predique y solo el y los que el crea conveniente predican, o sea los que están siendo parte del equipo especial de trabajo "su circulo de amigos aprobados". Los hermanos se van retirando de la congregación poco a poco y cuando viene a verse por lo menos la mitad de la congregación se a desaparecido, están retenidos en sus casas.

¡Qué diferente es este estilo de liderazgo del liderazgo de Jesús, el Buen Pastor, quien conduce a sus ovejas amorosamente, amablemente, humildemente y sacrificadamente!

2.1.c Un Estilo De Vida Rígido Y Legalista:

La tercera característica de las iglesias abusadoras es el estilo rígido y legalista de sus miembros; Esta rigidez es un resultado natural del estilo de liderazgo. Las iglesias abusadoras exigen la devoción inquebrantable a la iglesia de sus seguidores. La lealtad a la iglesia tiene prioridad por sobre la lealtad a Dios, la familia o cualquier otra cosa.

A menudo se presiona a los miembros a asistir a estudios bíblicos cinco, seis o siete días a la semana. Existe un requisito para hacer evangelismo; se debe cubrir cierta cuota de contactos, y algunas iglesias llegan a exigir que los miembros completen tarjetas de tiempo que registran cuántas horas han dedicado al evangelismo, etc. Se hacen programas diarios para la persona, con lo cual está cumpliendo el ministerio de la iglesia interminablemente. Ex miembros de una iglesia me dijeron que estuvieron trabajando para la iglesia desde 5:00 a.m. hasta 12:00 p.m., cinco días a la semana.

Los miembros de este tipo de iglesias frecuentemente abandonan la escuela, dejan de trabajar o aun desatienden sus familias para hacer el trabajo exigido por la iglesia. Hay también pautas para el vestido, las citas, las finanzas, etc. Este tipo de detalles se consideran de gran importancia en estas iglesias.

En iglesias como éstas, las personas comienzan a perder su identidad personal y empiezan a actuar como robots programados. Muchas veces, la presión y las exigencias de la iglesia harán que el miembro tenga una crisis nerviosa o caiga en una depresión severa. Al pensar en estas características, vienen a mi mente las palabras de Jesús acerca de los fariseos, que "atan cargas pesadas y las ponen sobre la espalda de los demás, pero ellos mismos no están dispuestos a mover ni un dedo para levantarlas" (Mateo 23:4). ¡Qué contraste con el estilo de liderazgo de Jesús, que dijo: "Vengan a mí todos ustedes que están cansados y agobiados, y yo les daré descanso. Carguen con mi yugo... Porque mi yugo es suave y mi carga es liviana" (Mateo 11:28-30)!

2.1.d Cambios Frecuentes Del Nombre Del Grupo/Iglesia:

Una cuarta característica de las iglesias abusadoras es el hábito de estar constantemente cambiando el nombre de la iglesia o el ministerio. A menudo, un cambio de nombre es en respuesta a publicidad desfavorable en los medios.

Algunas iglesias abusivas han cambiado su nombre varias veces en el transcurso de unos pocos años.

Si usted está en una iglesia de este tipo, que ha cambiado de nombre varias veces debido a la mala publicidad, o si siente la presión incesante de vivir de acuerdo con sus exigencias, probablemente sea tiempo de evaluar cuidadosamente el ministerio de la iglesia y su participación en ella.

2.1.e Desaprobación De Todas Las Demás Iglesias.

Consideremos ahora la quinta característica: las iglesias abusadoras suelen desaprobar a todas las demás iglesias cristianas. Se consideran una élite espiritual. Sienten que ellas solas tienen la verdad, y todas las demás iglesias se han corrompido. Por lo tanto, no se asocian con las demás iglesias cristianas. Suelen referirse a ellas mismas como algún grupo especial, como "los boinas verdes de Dios", "el remanente fiel" o "el ejército de Dios del final de los tiempos". Hay un sentido de orgullo en las iglesias abusadoras, porque los miembros sienten que tienen una relación especial con Dios y con su movimiento en todo el mundo. En su libro "Churches That Abuse", el Dr. Ron Enroth cita a un ex miembro de uno de estos grupos que dice: "Si bien no lo decíamos abiertamente, en el fondo de nuestro corazón realmente sentíamos que no había un lugar en el mundo como nuestra asamblea. Pensábamos que el resto del cristianismo estaba de recreo". Sin embargo, la Biblia deja en claro que no hay grupos o iglesias que son una élite espiritual. Efesios 4:3-6 dice: "Esfuércense por mantener la unidad del Espíritu mediante el vínculo de la paz. Hay un solo cuerpo y un solo Espíritu, así como también fueron llamados a una sola esperanza; un solo

Señor, una sola fe, un solo bautismo; un solo Dios y Padre de todos".

La iglesia cristiana alrededor del mundo está unida por el mismo Dios, el mismo Espíritu Santo y las creencias fundamentales de la Biblia, que incluyen toda la autoridad de la Biblia, la muerte y resurrección de Jesús, la deidad de Cristo, la justificación solo por la fe, etc. En estas verdades fundamentales, estamos unidos. Una iglesia que considera que es una élite y no se relaciona con otras iglesias no está motivada por el espíritu de Dios sino por el orgullo divisivo.

2.1.f Complejo De Persecución:

La sexta característica es consecuencia natural de la anterior. Como las iglesias abusadoras se consideran una élite, esperan persecución del mundo y aun se nutren de esto. La crítica y la exposición de los medios son consideradas una evidencia de que son la verdadera iglesia, perseguida por Satanás. Sin embargo, la persecución recibida por iglesias abusadoras es diferente de la persecución que recibió Jesús y los apóstoles.

Jesús y los apóstoles fueron perseguidos por predicar la verdad. Las iglesias abusadoras atraen gran parte de su prensa negativa por sus propias acciones. Sin embargo, toda crítica recibida, independientemente de su origen -cristiano o secular- siempre se considera como un ataque de Satanás, aun cuando las críticas estén basadas en la Biblia. Esto hace que sea difícil testificar a una persona de una iglesia de este tipo, porque verá su intento por compartir el evangelio con ella como persecución. A menudo, en casos como estos, cuando se me acusa de persecución, simplemente respondo: "Estoy aquí hablándole con la Palabra de Dios, en la que usted dice creer. ¿Cómo puede ser esto persecución?". Este enfoque suele ayudar a continuar el diálogo con un miembro de una iglesia abusadora que ha sufrido un lavado de cerebro que le hace creer que toda oposición es persecución.

2.1.g Apuntan A Jóvenes Adultos

La séptima característica de las iglesias abusadoras es que tienden a apuntar a jóvenes adultos de entre 18 y 26 años de edad en algunos casos hasta los 32 años, de clase media, de buena educación, idealistas y a menudo cristianos inmaduros. Los jóvenes adultos son el grupo de edad perfecto en el cual centrarse porque suelen estar en busca de una causa a la cual entregar su vida, y necesitan amor, afirmación y aceptación. Sobre todo si alguno de estos han tenido experiencias desagradables. A menudo estas iglesias brindan ese apoyo, y los líderes suelen adoptar el papel de padres sustitutos y es cuando entonces se empieza a hablar de padres espirituales. Es entonces cuando la vulnerabilidad de los jóvenes juega un papel bien importante en un líder que es abusivo.

2.1.h Proceso De Salida Doloroso:

La octava característica es un proceso de salida doloroso y difícil. Los miembros de muchas de estas iglesias temen salir por la intimidación, presión y amenazas de juicio divino. A veces, los miembros que salen son acosados y perseguidos por líderes de la iglesia. La mayor parte del tiempo, los ex miembros son ridiculizados y humillados públicamente ante la iglesia, y se les dice a los miembros que no tengan ninguna relación con ningún ex miembro. Esta práctica se llama evitación.

Muchas personas que dejan iglesias abusadoras por la intimidación y el lavado de cerebro llegan a sentir que han dejado a Dios mismo. Ninguno de sus anteriores compañeros quiere tener comunión con ellos, y se sienten aislados, abusados y temerosos del mundo. Un ex miembro de un ministerio dijo: "Si uno se va sin la aprobación del liderazgo, recibe condena y culpa. Mi pastor me dijo que pensaba que era satánico que yo me fuera y se preguntó si yo podría continuar mi experiencia de salvación".

Déjeme concluir esta discusión compartiendo algunas formas prácticas de alcanzar a las personas involucradas en iglesias abusadoras. Primero, debemos comenzar por la oración. Testificar a los que han tenido un lavado de cerebro de iglesias abusadoras suele ser intimidante y difícil. A menudo, los líderes no permiten que un miembro individual se encuentre con una persona de afuera, a menos que esté acompañado por una persona mayor y más experimentada entrenada en el debate y/o la intimidación. Por lo tanto, debemos orar por una oportunidad de hablar con la persona y para que esté abierta a lo que tenemos para compartir.

Segundo, confronte amorosamente a la persona y presente algunos temas bíblicos. A menudo, las iglesias abusadoras tienen una enseñanza estrafalaria o un error teológico que pueden ser señalados. En su libro Churches That Abuse, el Dr. Ron Enroth documenta varios ejemplos de esto. Por ejemplo, el líder de una iglesia tenía enseñanzas extrañas basadas en sus afirmaciones de que tenía revelaciones extrabíblicas de Dios. Estos incluían leyes alimenticias, comportamiento sexual, decoraciones hogareñas, y más. El líder de otro grupo llamaba a los médicos "deidades médicas". También decía que los remedios tenían nombres demoníacos y, si eran tomados, abrían a la persona a la influencia demoníaca. Señalar errores, inconsistencias y creencias estrafalarias puede abrir la mente de una persona e impulsarla a comenzar a hacer preguntas.

Tercero, comparta artículos que encuentre en periódicos o revistas sobre la iglesia específica bajo discusión. El libro del cual he citado a menudo, "Churches That Abuse",[6] es un excelente recurso. La clave es lograr que la persona comience a hacer preguntas e investigar las respuestas por su cuenta.

Dígale que verifique todo con la Biblia y que no tema hacer preguntas. Si el líder tiene miedo o duda en contestar las preguntas sinceras de un miembro, la madurez de este liderazgo puede quedar en duda.

Muchos terminan por abandonar la iglesia o la religión. Un ex miembro escribió: "Sé que cuando las personas finalmente deciden irse por su cuenta, están tan golpeadas y confundidas que no saben a qué aferrarse como verdadero, comparado con lo que deben descartar como falso. Muchos dejan de buscar a Dios y abandonan la iglesia por completo".[7]

Jesús, sin embargo, dijo que la verdad significa libertad y no esclavitud. Dijo: "Conocerán la verdad, y la verdad los hará libres" (Juan 8:32).[8]

---

[6]   Ronald Enroth, Churches That Abuse, Zondervan Publishing House, Michigan, USA, 1994

[7]   Ronald Enroth, Recovering From Churches that Abuse, (Grand Rapids, Mich.: Zondervan Publishing, 1994), 26

[8]   La Santa Biblia, Versión Reina y Valera, revisión 1960, Holman Bible Publishers, Nashville TN, 1988

CAPÍTULO 3

LOS PELIGROS DEL PODER ESPIRITUAL

Es realmente un motivo de preocupación, ver como cada día con mayor frecuencia, la arrogancia y la carnalidad se presenta en el ministerio cristiano.

El Nombre del Señor, llega a utilizarse en muchos ámbitos por inescrupulosos, con objetivos netamente personales. Las dobles intenciones en las motivaciones para proceder ministerialmente han desplazado completamente a la integridad personal. El "evangelio" de nuestros días determina que "el fin justifica los medios" sin ningún tipo de tapujos. Los resultados del trabajo espiritual se miden de acuerdo a patrones de conducta y evaluación totalmente seculares, donde las masas y las multitudes se han convertido en los "termómetros" que sellan si un trabajo está siendo positivo ó no. Según estos criterios, Noé sin lugar a dudas, en nuestro tiempo, hubiera sido un fracaso total. Estas preocupaciones, bien justificadas al observar lo que sucede en torno a muchos ministerios, nos llama a reflexionar profundamente en nuestras propias vidas y servicio al Señor. Y no es fácil ser una voz profética ante una situación así, pues es muy finita la línea que nos separa de la gran tentación de volvernos críticos y condenatorios.

No hay curas mágicas para tales problemas, ni lugar seguro en donde uno se pueda refugiar para que ello no nos alcance, pero sí hay algunos principios bíblicos que pueden aplicarse y ponernos a resguardo de ser alcanzados por estos peligros que trae aparejado el poder espiritual. Veamos algunos:

1.) Recordar que Dios nos ama a todos por igual. Más allá de los problemas ó pecados que podamos cometer, Dios nos ama. Y a los otros, los ama tanto como a nosotros mismos.

"[1]Ahora os hago saber, hermanos, el evangelio que os prediqué, el cual también recibisteis, en el cual también estáis firmes, por el cual también sois salvos, si retenéis la palabra que os prediqué, a no ser que hayáis creído en vano. Porque yo os entregué en primer lugar lo mismo que recibí: que Cristo murió por nuestros pecados, conforme a las Escrituras; que fue sepultado y que resucitó al tercer día, conforme a las Escrituras;" (1 Corintios 15:1-4)

"Jehová se manifestó a mí hace ya mucho tiempo, diciendo: Con amor eterno te he amado; por tanto, te prolongué mi misericordia. (Jeremías 31:3)

Porque yo sé los pensamientos que tengo acerca de vosotros, dice Jehová, pensamientos de paz, y no de mal, para daros el fin que esperáis." (Jeremías 29:11).

"Y nosotros hemos conocido y creído el amor que Dios tiene para con nosotros. Nosotros le amamos a él, porque él nos amó primero." (1 Juan 4:16a, 19).

15" Si ustedes me aman, obedecerán mis mandamientos. 16–17 Y yo le pediré al Padre que les mande otro Defensor, el Espíritu de la verdad, para que esté siempre con ustedes. Los que son del mundo no lo pueden recibir, porque no lo ven ni lo conocen; pero ustedes lo conocen, porque él permanece con ustedes y estará en ustedes."

2.) Recordar que aquellos ministros que sufren el problema del "abuso" del poder espiritual no son enemigos que hay que atacar. Ellos son hermanos que deben ser tratados, alentados y restaurados, con amor y cariño.

1 Juan 1:9 "Si confesamos nuestros pecados, él es fiel y justo para perdonarnos nuestros pecados, y limpiarnos de toda iniquidad."

3.) Debes odiar el problema, denunciarlo y atacarlo. Con sabiduría, pero sin escándalos. Pero siempre debes amar a la persona, diferenciándole del problema en sí. Por su bien personal. Por la integridad de su familia. Por el resguardo de su ministerio y la congregación.

4.) Guarda tu corazón y tus motivaciones, no sea que te vuelvas en un verdadero monstruo a fin de destruir a otro monstruo. Cuídate, porque hoy los problemas que atacan a otros, pueden alcanzarte en algún momento. Lamentablemente, uno se detiene a analizar estas situaciones y a determinar que hacer cuando las cosas han sucedido. Uno quisiera que no existan excesos, ó caídas morales, ó pecados infectando el ministerio. Pero son los eternos peligros que enfrentan aquellos que poseen el poder y la autoridad. Y ello sucede en todos los órdenes de la vida, y hasta se ha metido en la iglesia. Pero, Dios quiere de Su Iglesia algo más que el amor incondicional y el perdón. El poder espiritual y los peligros que ello conlleva deben ser enfrentados y tratados, a fin de que puedan rectificarse. Las congregaciones deben tratar estos asuntos, y no hablamos solamente de pecados obvios de ciertas personas, sino también de las causas fundamentales que generan ciertas situaciones. Los lugares de poder generan tremendas tentaciones para los líderes. Y cuando éstos fallan, vemos que no es precisamente la conducta que uno esperaría de un hombre de Dios. Estos varones ó mujeres que sucumben ante tanto poder, ¿pueden ser malos, perversos ó de doble faz? Claro que no. Son buenos, siervos de Dios, quienes de repente se encontraron manejando un tremendo poder, con vastas sumas de dinero, con fama, posicionamiento y mucha popularidad. Y ello trae aparejado ciertos peligros.

Las tentaciones que vienen con el poder, atacan tarde ó temprano a todo aquel que se encuentra en posición de liderazgo. Todo líder lucha con su embriagante fascinación. Aún los discípulos enfrentaron estas situaciones. ¿Recuerdas que había algunos que preguntaban quienes serían los más grandes en el reino…? Nuestra salvación no llega hasta nosotros cuando nos divorciamos por completo de la ambición personal, sino cuando la reconocemos por lo que es en realidad y nos enfrentamos directamente con ella. **Nuestro problema empieza cuando empezamos a experimentar el éxito y lo interpretamos como una aprobación divina a todos nuestros esfuerzos y motivos.**

La primera persona que se me viene a la mente cuando pienso en los peligros del poder y en un hombre arruinado por el éxito, es Saúl. Vemos en él a una persona simpática y físicamente atractivo (1 Samuel 9:2) y disfrutaba la gracia de la humildad (1 Samuel 15:17). Después de que Samuel lo había ungido como rey, sigue sin afectación y el día en que debían coronarle, no lo podían encontrar pues estaba escondido (1 Samuel 10:22). ¿Qué fue lo que le sucedió a este hombre humilde para que se transformara en un paranoico obsesionado con el poder? La respuesta es el poder. La degeneración de Saúl tuvo lugar durante un período de años y se inició primero como una consecuencia de la independencia y después del orgullo y la desobediencia. Al pasar el tiempo, Saúl se volvió más y más independiente y empezó a hacerse cargo de las cosas él mismo, aún desobedeciendo el consejo directo del profeta. Le explicó a Samuel que "se vio obligado a ofrecer el sacrificio" aún cuando sabía que no debía hacerlo, lo que derivó en que su reino no sería duradero (1 Samuel 13:13,14).

[13]Entonces Samuel dijo a Saúl: "Has actuado torpemente. No guardaste el mandamiento que Jehová tu Dios te dio. ¡Pues ahora Jehová hubiera confirmado tu reino sobre Israel para siempre! [14]Pero ahora tu reino no será duradero. Jehová se ha buscado un hombre según su corazón, a quien Jehová ha designado como el soberano de su pueblo, porque tú no has guardado lo que Jehová te mandó."

Es interesante destacar que Saúl nunca estuvo consciente de su error. En su mente había hecho lo que creía sencillamente correcto. Como líder, tenía que tener el control, asumir las responsabilidades y tomar las decisiones. Su proceder, nos revela que poca distancia existe entre la independencia necia y la desobediencia pecaminosa.

En otra oportunidad, El Señor le ordenó a Saúl por medio de Samuel destruir a los amalecitas (1 Samuel 15:3) y como le parecía una locura matar aquel ganado de primera línea que había en esas tierras, decidió no hacerlo. Cuando fue confrontado por Samuel, Saúl se negó a aceptar su responsabilidad por la desobediencia y lo primero que hizo fue echarle la culpa a los soldados (1 Samuel 15:15) antes Dios había hablado diciendo: [11]Me pesa haber puesto a Saúl como rey, porque se ha apartado de mí y no ha cumplido mis palabras.

Samuel se apesadumbró y clamó a Jehová toda aquella noche. y luego trató de tapar sus propios intereses con una "justificación espiritual" (ver 20 al 23).

[20] Saúl respondió a Samuel: "He obedecido la voz de Jehová y fui a la misión que Jehová me encomendó. He traído a Agag, rey de Amalec, y he destruido completamente a los amalequitas. [21] Pero el pueblo tomó del botín ovejas y vacas, lo mejor del anatema, para sacrificarlas a Jehová tu Dios en Gilgal."

[22] Entonces Samuel preguntó: ¿Se complace tanto Jehová en los holocaustos y en los sacrificios como en que la palabra de Jehová sea obedecida? Ciertamente el obedecer es mejor que los sacrificios, y el prestar atención es mejor que el sebo de los carneros. [23] Porque la rebeldía es como el pecado de adivinación, y la obstinación es como la iniquidad de la idolatría. Por cuanto tú has desechado la palabra de Jehová, él también te ha desechado a ti, para que no seas rey."

Finalmente, Saúl tuvo que admitir su pecado ¡pero no se arrepintió! Y se preocupó mucho más por su imagen ante el pueblo y sus líderes que por su situación ante Dios (1 Samuel 15:30)

Samuel Murió. Pero las palabras del profeta siguieron en la mente de Saúl (15:28), le persiguieron, lo volvieron loco y sospechaba de todo el mundo.

A costa de cualquier cosa debía proteger su dominio. Su reinado fue por el terror y se sustentó en el miedo y la sospecha. ¿Cuántos ministerios se sostienen así...? Saúl permaneció en el poder por muchos años y era un rey solo de nombre, pues la unción había desaparecido y el Espíritu de Dios se había apartado de él. Vivió el resto del tiempo en un trágico desafío y murió por sus propias manos. Saúl no tenía en sus ambiciones ser un rey. Todo el asunto del reinado fue concebido en el pueblo (1 Samuel 8:19,20). Un rey es un monarca absoluto, alguien que no tiene que responder por sus actos y tiene poder ilimitado. ¿Será por ello que Dios se resistía tanto a la idea de darles un rey? Dios sabía lo que sucedería con Saúl.

Muchas veces estamos tan "orgullosos" de nuestros ministerios, donde relacionamos el "éxito" obtenido con una "prueba" del favor de Dios sobre nosotros, sin dar cuentas a nadie ni pedir cuentas a nuestros obreros, hasta que sorpresivamente, el "ministerio" comienza a decaer, y nosotros a buscar los motivos. Me preocupa las personas en sí, como les afectan los atavíos del "éxito espiritual". La historia de la iglesia ha sido manchada por el hundimiento de grandes ministerios que han caído por el orgullo espiritual y el mal uso del poder de sus líderes.

El poder en sí no es malvado, pero es sumamente peligroso. El líder espiritual que quiere mantener bajo control su ambición y su deseo de poder debe someter sus planes y proyectos a hermanos líderes, consejeros sabios. Porque es muy fácil que la ambición adopte la apariencia de dirección divina. Y si provienen de Dios, serán confirmadas por sus consejeros sabios.

No te aísles. La experiencia demuestra que el éxito tiende a aislarnos del cuerpo y de los colegas, poniéndonos en "posiciones eclesiales superiores". Es allí cuando necesitas la opinión de otra persona.

Vive bajo autoridad. Es tu decisión establecer y mantener relaciones de responsabilidad mutua. Ello te preservará de los peligros del poder espiritual.

Fil. 2:1-4, 20-21

[1]Por lo demás, hermanos, gozaos en el Señor. A mí no me es molesto el escribiros las mismas cosas, y para vosotros es seguro.

²Guardaos de los perros, guardaos de los malos obreros, guardaos de los mutiladores del cuerpo.

³Porque nosotros somos la circuncisión, los que en espíritu servimos a Dios y nos gloriamos en Cristo Jesús, no teniendo confianza en la carne.

⁴Aunque yo tengo también de qué confiar en la carne. Si alguno piensa que tiene de qué confiar en la carne, yo más:

²⁰Mas nuestra ciudadanía está en los cielos, de donde también esperamos al Salvador, al Señor Jesucristo;

²¹el cual transformará el cuerpo de la humillación nuestra, para que sea semejante al cuerpo de la gloria suya, por el poder con el cual puede también sujetar a sí mismo todas las cosas.

Esto es sabiendo que la raíz de todos los males es el egoísmo continuaremos analizando algunos detalles bíblicos de la raíz de abuso espiritual.

Ya habiendo identificado la raíz del abuso espiritual, y sabiendo que entre las raíces esta el egoísmo del ser humano, ¿cual podría ser el primer paso para salir de un sistema abusivo?

Como lo manifestaste la raíz del abuso espiritual es el egoísmo, lo primero que tendríamos que hacer es una breve reseña histórica, recuerda lo que paso en el cielo, cuando Satanás quiso ser igual a Dios, y después su caída.

Luego como no lo logro engatuso a los primeros habitantes de la tierra (Adán y Eva), esto también ocasiono el destierro.

¿Entonces no solo el egoísmo sino también el orgullo?

La raíz de todos estos acontecimientos ha sido el interés de superioridad del hombre sobre el hombre.

CAPÍTULO 4

DERROTADOS POR LA MENTIRA, VICTIMAS DE LOS ABUSADORES

La "verdad" es la primera víctima de los abusadores. Y es muy cierto cuando vemos lo que está pasando en nuestros pulpitos, los cuales se han convertido en plataformas para estrategias de manipulación por parte de estos pastores o lideres deshonestos. Lo que ha provocado que muchos hermanos se abstengan de asistir a las iglesias.

Porque quien ha vivido en carne propia la vida del abuso espiritual, así haya sido como un simple discípulo, es decir aprendiendo lo que se le enseñaba muy sutilmente, adquiriendo conocimiento sobre obediencia y a quién se debe obedecer, no por uno o dos mese sino por mucho mas y hasta años sin saber o en algunos casos sabiendo o sea con complicidad; lógicamente, verá más adelante lo que es abusar como algo normal.

En algunos casos lastimosamente estos se convierten en la mano fuerte de estos abusadores perpetuando el problema, se vuelven herederos de un sistema de abuso colectivo.

Pero engañadores que "quieren "ganar" almas para el reino a través de mentiras convertidas en verdades para manipular los sentimientos de los feligreses, hábilmente se han infiltrado entre los pensamientos de hermanos con lucidez de la palabra y verdaderos guerreros del

Espíritu para acabarlos, desorientarlos, desinformarlos y así acabar con la esperanza y derrotarlos sin que estos se den cuenta, pero Dios es tremendo y el ha empezado a destapar la olla y a desenmascarar a estos abusadores. Por eso estos abusadores siempre están vociferando que estamos triunfando contra el Diablo, y lo vemos a través de la televisión, la radio, los periódicos y por cualquier medio de información con impudicia (deshonestidad) más que evidente.

Estos Abusadores le meten en la cabeza a los hermanos que el enemigo está siendo derrotado, enemigos que ellos mismos han creado, ¿Y por qué si están derrotadas, les dedican tanto tiempo a mostrar que son lo peor y que hay que tener cuidado? Es como los que hablan de prosperidad dicen que Jesús dedico a hablar mucho del dinero y como se manejaba, que Jesús habló más del infierno que del cielo, advirtiendo de lo que el ser humano se puede hacer acreedor si no deja su comportamiento pecaminoso, Estos se dedican a decir supuestas "verdades" que mas adelante son desmentidas por la realidad.

¿Por qué acusan al diablo de todo lo malo que ocurre?
¿Por qué por ejemplo culpar al diablo de los problemas que tenemos cuando no hacemos las cosas correctamente, engañando a los demás diciendo mentiras y al final las mentiras salen a relucir, pero para estar bien se le hecha la culpa a el diablo?

Entendemos todo esto pues los maestros de la mentira han hecho un buen trabajo de alienación a los hermanos llevándolos a pensar de esa manera a base de mentiras, pues son discípulos de Satanás; el aislamiento, la segregación y la ilegalidad de las doctrinas mentirosas, acompañando esta aseveración con el dogma en base al miedo y la paranoia en la congregación; llevando a los hermanos a un proceso de convertidos de nuevo (me produce un poco de gracia lo que esta sucediendo y es que le están metiendo a la gente en la cabeza de que tienen que reencontrarse con Dios para ser salvos de nuevo, y Cristo entonces donde lo ponemos) estos abandonan a los hermanos que no están con su visión, pues los consideran enemigos peligrosos que ponen en peligro su plan de enriquecimiento ilícito. (Y que hay del empobrecimiento Ilícito) esto es un tema muy bueno a tratar pronto

Pero la verdad, diáfana, transparente, terca, siempre se las arregla para salir a flote, Y siempre les da de bofetadas a los mentirosos. Como a los abusadores asesinos de la verdad que mantienen a la gente engañada en algunos casos relegados a la no participación o la participación alienada o dirigida hacia un objetivo y es el de diezmar su vulnerabilidad y hacerlos sentir que no sirven para nada. Pero eso no es nada el equipo que conforman estos abusadores están siendo llevados por caminos de mentiras convirtiéndolos en cómplices, llenándolos de ideas que solo traen mas disolución en medio de la congregación.

La guerra solo la ganan los valientes, que se oponen a esas tácticas mal sanas de crecimiento en la congregación, y no solo eso, todo esto es colectivo pues en otras iglesias se practica el mismo método, se escuchan conferencias, a través de la televisión, en la radio y en todos los medios de comunicación posible, enseñando sobre nuevos métodos de evangelización etc. Esa es la triste verdad muchos pastores se han dejado seducir por la fama y el dinero convirtiéndose en cómplices de Satanás ocultando la verdad y tergiversando lo que Dios ha hecho por toda la vida, a estos se les ve predicando solo de lo que el diablo hace para que los hermanos no tengan bendiciones de parte de Dios. Rindiéndole culto prácticamente a Satanás, cambiando estrategias y llenándole la cabeza de mentiras a los hermanos o feligreses de nuestras congregaciones, intoxicando la mente de los hermanos con la peor de las artimañas del enemigo, La Mentira.

Paradójicamente a algunos se nos da la oportunidad de vivir en condiciones difíciles y en medio de pastores y lideres destructores de la verdad los cuales han forjado un imperio con la mentira, para arrastrar a muchos a un desenfrenado y mentiroso proceso de reencuentro con Dios utilizando su arma mas poderosa, La Mentira.

Pero el pueblo de Dios esta viendo la verdad, y sabe que tiene que construir un nuevo puente, la verdadera practica del evangelio que Jesús nos dejo como legado, con justicia social, libertad de opinión, independencia y soberanía. Lógicamente se tendrá que derrotar o desenmascarar a los que a nombre de "Jesús" enseñan las barbaridades sobre un reencuentro con Dios. Y de eso no hay ninguna duda.

CAPÍTULO 5

COMO DEJAR UNA IGLESIA ABUSADORA

¿Será posible salir de un sistema abusivo?

Creo que este es el punto más difícil que podemos confrontar en este problema, por que las consecuencias pueden ser, las no esperadas por nosotros, el dolor de salir de una iglesia en la cual hemos pasado por mucho tiempo sirviendo de corazón, estas iglesias abusivas van desde las que muy sutilmente abusan de sus miembros hasta las que descaradamente abusan de estos, por muy difícil que se vea para algunos, estas iglesias si existen y están bien camufladas por estos lideres que se aprovechan de la buena intención de los hermanos, ya vimos que en estas iglesias los lideres se centran en poner a los hermanos contra la pared, ¡me explico! Hacer sentir a los hermanos con complejos de culpabilidad, meterles miedo, hacerles perder su estima propia y así poder más fácil ejercer el trabajo de manipulación; pero no todo esta perdido, hay esperanza, y si se puede salir de estos sistemas se puede hacer difícil cuando usted a pasado toda su vida en ese lugar, sirviendo de corazón, la familia juega un papel muy importante en este asunto, y cuando hablo de la familia no hago excepciones, pues lastimosamente siempre se pone en tela de juicio cuando se dice familia, pues se dice que familia son solos

los hermanos de la iglesia, una cosa es la familia de cristo y otra es la familia sanguínea, pero una de las artimañas que siempre se ha utilizado es que las personas que no están con Cristo son nuestros enemigos aunque sean nuestros familiares, lo mas importante es saber que Cristo nos ama, así se nos hará mas fácil salir de este sistema abusivo que en algunos casos puede haber ocurrido por muchos años, el doctor Paul R. Martin en sus estudios sobre este problema es bien acertado en decir que sí se pueden recuperar un hermano o una hermana que han estado en un ambiente abusivo por parte de lideres religiosos.

Los pasos que se pueden seguir o la forma más fácil es:

1. **Confrontar la realidad y no negar que ha sido abusado espiritualmente:** Las victimas tienden a negarse a si mismos y a negar que están siendo victimas de abuso espiritual, lo que necesitan mostrar es que ellos fueron abusados, aprender a confiar en otras personas sin tener que depender de estas es uno de los problemas que afronta una persona que ha sido abusada espiritualmente, y no comprenden que ese problema lo pueden manifestar aun cuando estos han dejado este ambiente; es importante ayudar a las victimas a crear nuevas amistades o relaciones sanas y así aprender a confiar de nuevo sin tener que depender de esta nueva relación, buscar la forma de leer la Biblia mas a menudo, para despejar dudas, no limitarse a lo que estos lideres enseñan solamente, escudriñar las escrituras es bien importante, a veces estos usan versículos que los mantienen en el tema de compromiso, sumisión y obediencia, estos se centran en todos los versículos o pasajes de la Biblia que traten de ese tema.

2. **Otro paso es el de identificarse a si mismo:** primero piense cual es el propósito suyo de parte de Dios, piense lo que haría Jesús en su caso, quien es usted como persona, como ser humano que todavía esta en este mundo, pero que un día quiere estar delante de la presencia de Dios, buscar la forma de hablar con alguien contar todo lo que siente, desahogarse es necesario para que toda esa carga y peso de culpabilidad se caiga y por fin pueda sentir un alivio. Acordémonos como dice Filipenses 4:13 que todo lo podemos en Cristo que nos fortalece, acuérdese que no es solo recobrar su estima propia si no también recobrar una relación sana con Dios, aunque se haga difícil después de haber pensado o habérsele cruzado por la mente la pregunta: "Por que Dios permitió que esto me pasara", pero lo mejor es que no piense mas en eso, el alimentar una nueva relación con Dios es necesaria para que haya sanidad espiritual del alma, tiene que sacar de su cabeza la imagen de los lideres a quienes servia, y buscar esa relación intima con Dios, volver a ubicarse en el camino correcto, obteniendo la aprobación de Dios, no de los hombres.

3. **También podemos enfatizar como dije antes olvídese del pasado y mire hacia el futuro.** Que difícil es para el ser humano deshacerse de sus recuerdos y mas cuando son recuerdos malos, son los primeros que salen a flote cuando nos encontramos en algún problema, sabiendo que usted ha sido creado por Dios con un propósito, piense en lo bueno que es servirle a Dios con gozo, amor, sabiduría, y amor. Ver en Cristo una esperanza para un mejor futuro, no obstante sabemos que nuevas criaturas somos. "2 Cor. 5:17 De modo que si alguno está en Cristo, nueva

criatura es: las cosas viejas pasaron; he aquí todas son hechas nuevas".

4. "2 Cor. 5:18 Y todo esto es de Dios, el cual nos reconcilió á sí por Cristo; y nos dio el ministerio de la reconciliación."[9]

5. Acuérdese, Cristo es su roca y su salvación no tema mal alguno, aunque en tinieblas se encuentre, cuéntele sus problemas a Jesús pues en El tenemos seguridad y paz, Quizás usted también haya experimentado el gozo que proviene de compartir una relación personal con Jesucristo. Sin embargo, debido a los afanes de la lucha diaria y cada uno de los problemas que ha vivido en un ambiente o relación espiritual enfermiza, se siente arrastrado en muchas direcciones, está desorientado y se ha alejado del propósito de Dios para su vida. La palabra de Dios dice: "El que habita al abrigo del Altísimo morara bajo la sombra del Omnipotente. Diré yo a Jehová: Esperanza mía, y castillo mió; Mi Dios en quien confiare. (Sal. 91:1-2)" huya mientras pueda de esos sistemas que lo único que están haciendo es llevarlo a la destrucción. La relación que esta buscando con Dios no la va a encontrar en un lugar en el cual usted esta siendo abusado/a. *"No se inquieten por nada; más bien, en toda ocasión, con oración y ruego, presenten sus peticiones a Dios y denle gracias. Y la paz de Dios, que sobrepasa todo entendimiento, cuidará sus corazones y sus pensamientos en Cristo Jesús." (Filipenses 4: 6-7)*

---

9   La Santa Biblia, Versión Reina y Valera, revisión 1960, Holman Bible Publishers, Nashville TN, 1988

6. *"Ésta es la confianza que tenemos al acercarnos a Dios: que si pedimos conforme a su voluntad, él nos oye. Y si sabemos que Dios oye todas nuestras oraciones, podemos estar seguros de que ya tenemos lo que le hemos pedido."* (1 Juan 5: 14-15)

7. Con todo esto que pudiera pasarte, es un aspecto de la vida del creyente, pues crecerás y te acercaras mas a Dios, pues empiezas a depender más de El, no del hombre, es hora de que despiertes y empieces a reflejar el amor de Dios saliendo del lugar donde estas siendo abusado.

CAPÍTULO 6

DIOS TIENE UNA IGLESIA SALUDABLE PARA USTED

6.1 ¿Cual Es Una Iglesia Saludable?
O ¿Qué Es Una Iglesia Saludable?

Esa es la pregunta que nos haríamos; primero que todo como definimos una iglesia saludable. Es una iglesia en la que todos los propósitos bíblicos encuentran expresión dentro de un buen equilibrio. Las iglesias saludables producen cristianos saludables.

Las iglesias saludables son iglesias que crecen. Para estas iglesias el crecimiento no es un programa. Es el resultado de una vida dinámica natural dentro del cuerpo de Cristo, que es dado a luz por Dios pero que también es alentado por los líderes saludables de la iglesia.

Sabiendo esto entonces podemos concluir que una iglesia Saludable es la cual en donde hay comunión (de la palabra griega *koinonia*) entre los hermanos, unas buenas relaciones entre los miembros del cuerpo de Cristo y sus lideres.

Entonces en una iglesia saludable usted va a encontrar camaradería pero en el amor de Cristo Hechos 2:42-47 dice: "[42]Y perseveraban en la doctrina de los apóstoles, en la comunión unos con otros, en el partimiento del pan y en las oraciones. [43]Y sobrevino temor a toda persona; y muchas maravillas y señales eran hechas por los apóstoles. [44] Todos los que habían creído estaban juntos, y tenían en común todas las cosas;(H) [45]y vendían sus propiedades y sus bienes, y lo repartían a todos según la necesidad de cada uno. (I) [46]Y perseverando unánimes cada día en el templo, y partiendo el pan en las casas, comían juntos con alegría y sencillez de corazón, [47]alabando a Dios, y teniendo favor con todo el pueblo. Y el Señor añadía cada día a la iglesia los que habían de ser salvos.

Una dinámica en donde todos somos iguales, eso si sin querer quitarle el merito a los buenos lideres que verdaderamente Dios pone en esta clase de Iglesias, y siempre viendo el rostro de Cristo reflejado en cada uno de ellos.

En este tipo de iglesia usted va a encontrar una madurez espiritual, la cual se refleja y es palpable, usted puede percibirlo en el ambiente que se vive, las enseñanzas de la palabra, son bien importantes para darle un crecimiento natural y saludable al cuerpo de Cristo, en estas iglesias se promueve el desarrollo de hábitos de aprendizaje de la palabra y así obtener un conocimiento practico y sistemático de esta.

(Mateo 28:18-20) "[18]Y Jesús se acercó y les habló diciendo: Toda potestad me es dada en el cielo y en la tierra.

[19]Por tanto, id, y haced discípulos a todas las naciones, bautizándolos en el nombre del Padre, y del Hijo, y del Espíritu Santo;

[20]enseñándoles que guarden todas las cosas que os he mandado; y he aquí yo estoy con vosotros todos los días, hasta el fin del mundo. Amén.

(Efesios 4:13) "Hasta que todos lleguemos a la unidad de la fe y del conocimiento del Hijo de Dios, a un varón perfecto, a la medida de la estatura de la plenitud de Cristo;".

También encontrara que usted no es menospreciado, básicamente sabemos que Dios a todos nos dio dones, y en mucha diversidad, el principal don el de servir es el que se ve en este tipo de iglesia, en donde el servir es el primordial trabajo, y que los que usted hace en el cuerpo de Cristo es valorado, ((Mateo 25:14-30) "[14] Porque el reino de los cielos es como un hombre que yéndose lejos, llamó a sus siervos y les entregó sus bienes.

[15] A uno dio cinco talentos, y a otro dos, y a otro uno, a cada uno conforme a su capacidad; y luego se fue lejos.

[16]Y el que había recibido cinco talentos fue y negoció con ellos, y ganó otros cinco talentos.

[17]Asimismo el que había recibido dos, ganó también otros dos.

[18]Pero el que había recibido uno fue y cavó en la tierra, y escondió el dinero de su señor.

[19]Después de mucho tiempo vino el señor de aquellos siervos, y arregló cuentas con ellos.

[20]Y llegando el que había recibido cinco talentos, trajo otros cinco talentos, diciendo: Señor, cinco talentos me entregaste; aquí tienes, he ganado otros cinco talentos sobre ellos.

[21]Y su señor le dijo: Bien, buen siervo y fiel; sobre poco has sido fiel, sobre mucho te pondré; entra en el gozo de tu señor.

[22]Llegando también el que había recibido dos talentos, dijo: Señor, dos talentos me entregaste; aquí tienes, he ganado otros dos talentos sobre ellos.

[23]Su señor le dijo: Bien, buen siervo y fiel; sobre poco has sido fiel, sobre mucho te pondré; entra en el gozo de tu señor.

[24]Pero llegando también el que había recibido un talento, dijo: Señor, te conocía que eres hombre duro, que siegas donde no sembraste y recoges donde no esparciste;

[25]por lo cual tuve miedo, y fui y escondí tu talento en la tierra; aquí tienes lo que es tuyo.

[26]Respondiendo su señor, le dijo: Siervo malo y negligente, sabías que siego donde no sembré, y que recojo donde no esparcí.

[27]Por tanto, debías haber dado mi dinero a los banqueros, y al venir yo, hubiera recibido lo que es mío con los intereses.

[28]Quitadle, pues, el talento, y dadlo al que tiene diez talentos.

[29]Porque al que tiene, le será dado, y tendrá más; y al que no tiene, aun lo que tiene le será quitado.(C)

[30]Y al siervo inútil echadle en las tinieblas de afuera; allí será el lloro y el crujir de dientes.

Una responsabilidad clave de los líderes de la iglesia es ayudar a los creyentes a descubrir e identificar sus habilidades y dones dados por Dios y luego ayudarlos a que los desarrollen y los usen para ministrar. La iglesia tiene la responsabilidad de ayudar a identificar dones, preparar, y colocar en ministerio. Sin embargo, todo creyente tiene una responsabilidad personal de desarrollar y usar de manera responsable los dones de Dios para el beneficio de los demás y el bienestar de la iglesia (Romanos 12:16-18) "[16]Unánimes entre vosotros; no altivos, sino asociándoos con los humildes. No seáis sabios en vuestra propia opinión.

[17]No paguéis a nadie mal por mal; procurad lo bueno delante de todos los hombres.

[19]Si es posible, en cuanto dependa de vosotros, estad en paz con todos los hombres."

Es ahí donde toda la iglesia sale beneficiada pues hay un cuerpo sano, hay unidad y crecimiento, encontrara que en estas iglesias se busca la forma de continuar con el propósito del la iglesia en general que es el de predicar el evangelio por todo el mundo he impulsar la misión misionera, del cuerpo de Cristo.

Con todo este conocimiento empezamos a entrar en la presencia de Dios en alabanza y adoración y cuando el pueblo adora a Dios suceden cosas y maravillosas, y cuando hablo de adoraron y alabanza no lo hago solamente con referencia a la música esto envuelve la adoración en todo sentido, tal como la oración punto critico y vital en una buena congregación, acuérdese ninguno de los propósitos de Dios con respecto a su vida son negociables, De la misma manera, un cristiano eficaz y maduro es uno en quien cada uno de los propósitos encuentra debida y balanceada expresión.

6.2 La Sanidad Espiritual

Primero que todo quisiera definir, ¿que es sanidad espiritual?, ¿por que debemos definirla? y ¿para que debemos definirla?

Es difícil creer que pueda existir una enfermedad espiritual, es así, el espíritu también se puede enfermar, así como factores ambientales pueden ejercer influencia en nuestra salud física, de la misma manera, existen factores que pueden ejercer una influencia en nuestra salud espiritual, vemos muchas enfermedades en nuestra vida cotidiana, y a veces no nos damos cuenta que también puede existir una enfermedad espiritual, debido a que tal ves nosotros no suframos de ésta, se nos hace difícil pensar que pueda afectarnos.

"⁵Mas Él herido fue por nuestras rebeliones, molido por nuestros pecados; el castigo de nuestra paz fue sobre ÉL, y por su llaga fuimos nosotros curados." (Isaías 53:5).

"quien llevó Él mismo nuestros pecados en su cuerpo sobre el madero, para que nosotros, estando muertos a los pecados, vivamos a la justicia; y por cuya herida fuisteis sanados." 1 Pedro 2:24

"El sana a los quebrantados de corazón, Y venda sus heridas." Sal. 147:3

Bendice, alma mía, a Jehová, Y no olvides ninguno de sus beneficios.

"³El es quien perdona todas tus iniquidades, El que sana todas tus dolencias"

6.2.a ¿Que Es Sanidad Espiritual?

Es curar el dolor que tenemos impreso en nuestra memoria, los cuales provocan comportamientos completamente diferentes a lo normal o a lo que se le puede llamar normal; en esencia, este dolor que ha sido trasmitido a nuestras neuronas y se han enraizado, provocando ese comportamiento diferente e inadecuado, esto nos lleva a pensar he investigar el por que se producen heridas espirituales, o sea que se puede presentar desde diferentes puntos de vista, y lo que a este servidor compete con respecto a la sanidad espiritual es el que es provocado por el abuso de pastores o lideres religiosos deshonestos con Dios.

La sanidad espiritual es la salud al espíritu, en este caso dirigiéndose a la causa por la cual nuestro espíritu esta abatido, es un tema que es bastante difícil de exponer, pero bajo la supervisión del espíritu de Dios cada elemento se va aclarando a medida que ahondamos mas profundamente en el problema, el sentimiento de las personas que están siendo abusadas se va deteriorando, se va acabando la razón del espíritu en continuar alabando a Dios de una manera libre y abierta, terminando por tener demasiadas culpas retraídas y guardadas en el interior; difícil es reconocer que se tiene una enfermedad del espíritu, definitivamente cada día me sorprendo de lo que los demás personas pueden pensar de lo que es una enfermedad espiritual, la cual muchos no creen que exista, la gente se niega a aceptar de que puedan tener ese tipo de enfermedad, entender que es real, que es palpable, nos llevara a saber entonces que hay una cura, a pesar de que la gente se sigue negando a aceptar cada día se ven mas experiencias sobre estos casos y se va despejando el camino a una nueva visión de lo que es una enfermedad espiritual, por eso la sanidad interior es entender que existe la enfermedad, en este caso con factores externos que son los que producen esta enfermedad, como cuando analizamos las enfermedades mentales reeditarías a nivel psiquiátrico que son completamente distintas a las enfermedades de carácter viral o de carácter corporales, por ejemplo la enfermedad del Sida, que en la mayoría de los caso se hereda cuando la madre es portador y el bebe nace ya con una sintomatología de la enfermedad la cual ha sido adquirida en la etapa de gestación, esto es completamente distinto a lo que padecen muchos hermanos en las congregaciones plagadas no de virus sino de pastores y lideres deshonesto, enfermando o trasmitiendo la enfermedad al espíritu con sus mal sanas doctrinas.

Los Salmos nos hablan mucho de la sanidad espiritual, a través de la alabanza el salmista nos trae a la presencia de

Dios, y nos enseña a tener una relación directa y personal con El.

6.2.b ¿Por Que Debemos Definir La Sanidad Espiritual?

Porque de esta manera podremos identificar fácilmente unos métodos en el proceso de su curación. Y poder identificar a las personas que padecen esta enfermedad, de la misma manera poder determinar los métodos que usaremos en el proceso de sanar a las personas que están siendo afectadas por esta clase de enfermedad vuelvo e indico que a sido trasmitida por persona sin escrúpulos, también podremos identificar fácilmente a quien necesita la sanidad espiritual Mt. 6:14-15, aprender a identificar nos permite ver quien puede manifestar prejuicio en contra de los demás, cuando una persona muestra rencores para con los demás, es tangible se nota por que no se relaciona con nadie, teme el rechazo, hasta el punto de que se rechaza a el mismo, irrespetan a todo o a todos, indiferencia, insensibilidad, Hipersensibilidad, Todo le ofende y resiente a muerte.

6.2.c ¿Para Que Debemos Definirla?

La debemos definir para determinar los pasos a seguir en un tratamiento regular para deshacernos de esta enfermedad, pues ya una vez identificada y definida entonces podemos entender y poder entrar en el proceso de una verdadera sanidad espiritual, es difícil entrar en este proceso pues primero que todo se requiere que la persona que esta siendo abusada espiritualmente lo reconozca y se de cuenta que tiene una condición espiritual la cual tiene que ser tratada, esta proceso debe ser voluntario, no obligado pues el dolor puede pronunciarse y hasta puede terminar peor que cuando empezó.

Si usted hoy necesita y anhela ser sanado en su ser interior, le desafío a tomar para sí las bendiciones alcanzadas por el sacrificio de Cristo en la cruz. Y también poder ser canal de bendición y lo que hoy reciba de gracia así también lo comparta con otros.

Todo esto sea con el amor de Dios, nuestro creador, que entrego a su hijo unigénito por nosotros sin mirar que no lo merecíamos por pecadores pero en su infinita misericordia El lo hizo, si pedir nada a cambio, gracias Señor por tu hijo,

Cartas del Apóstol Pablo

"Pero Dios recomienda su propio amor a nosotros en que, mientras todavía éramos pecadores, Cristo murió por nosotros" (Ro. 5:8)

[35]¿Quién nos separará del amor de Cristo? ¿Tribulación, o angustia, o persecución, o hambre, o desnudez, o peligro, o espada?

[36]Como está escrito: Por causa de ti somos muertos todo el tiempo; Somos contados como ovejas de matadero.

[37]Antes, en todas estas cosas somos más que vencedores por medio de aquel que nos amó.

[38]Por lo cual estoy seguro de que ni la muerte, ni la vida, ni ángeles, ni principados, ni potestades, ni lo presente, ni lo por venir,

[39]ni lo alto, ni lo profundo, ni ninguna otra cosa creada nos podrá separar del amor de Dios, que es en Cristo Jesús Señor nuestro. (Ro. 8:35-39)

"[9]Sea [su] amor sin hipocresía. Aborrezcan lo que es inicuo; adhiéranse a lo que es bueno. [10]En amor fraternal ténganse tierno cariño unos a otros. En cuanto a mostrarse honra unos a otros, lleven la delantera". (Ro. 12:9-10)

""[1b]El conocimiento hincha, pero el amor edifica. "[2]Si alguien piensa que ha adquirido conocimiento de algo, todavía no [lo] sabe exactamente como debe saber [lo]. [3]Pero si alguien ama a Dios, este es conocido por Él". (1Co. 8:1b-3)

""[4]El amor es paciente, es bondadoso. El amor no es envidioso ni jactancioso ni orgulloso. No se comporta con rudeza, no es egoísta, no se enoja fácilmente, no guarda rencor. El amor no se deleita en la maldad sino que se regocija con la verdad. Todo lo disculpa, todo lo cree, todo lo espera, todo lo soporta". (1Co.13:4-7)

"El amor nunca falla" (1Co.13:8)

""[13]Ahora, sin embargo, permanecen la fe, la esperanza, el amor, estos tres; pero el mayor de estos es el amor". (1Co.13:13)

"Si hablo en las lenguas de los hombres y los ángeles, pero no tengo amor, no soy más que un metal que resuena o un platillo que hace ruido. Si tengo el don de profecía y entiendo todos los misterios y poseo todo conocimiento, y si tengo una fe que logra trasladar montañas, pero me falta el amor, no soy nada. Si reparto entre los pobres todo lo que poseo, y si entrego mi cuerpo para que lo consuman las llamas, pero no tengo amor, nada gano con eso." (1Co.13:1-3)

"Efectúense todos sus asuntos con amor". (1Co.16:14)

""[22]Por otra parte, el fruto del espíritu es: amor, gozo, paz, gran paciencia, benignidad, bondad, fe, [23]apacibilidad, autodominio. Contra tales cosas no hay ley". (Gál. 5:22-23)

""[12]De consiguiente, como escogidos de Dios, santos y amados, vístanse de los tiernos cariños de la compasión, la bondad, la humildad mental, la apacibilidad y la gran paciencia. [13]Continúen soportándose unos a otros y perdonándose liberalmente unos a otros si alguno tiene causa de queja contra otro. Como Jehová los perdonó liberalmente a ustedes, así también háganlo ustedes. [14]Pero, además de todas estas cosas, [vístanse de] amor, porque es un vínculo perfecto de unión". (Col. 3:12-14)

"[11]Sin embargo, tú, oh hombre de Dios, huye de estas cosas. Pero sigue tras la justicia, la devoción piadosa, la fe, el amor, el aguante, la apacibilidad de genio". (1Timoteo. 6:11)

"[1]Mas sabe esto, que en los últimos días se presentarán tiempos críticos, difíciles de manejar. [2]Porque los hombres serán amadores de sí mismos, amadores del dinero, presumidos, altivos, blasfemos, desobedientes a los padres, desagradecidos, desleales, [3]sin tener cariño natural, no dispuestos a ningún acuerdo, calumniadores, sin autodominio, feroces, sin amor del bien, [4]traicioneros, testarudos, hinchados [de orgullo], amadores de placeres más bien que amadores de Dios, [5]teniendo una forma de devoción piadosa, pero resultando falsos a su poder." (2Ti. 3:1-5)

CAPÍTULO 7

CONCLUSIÓN

"¹⁴Sáname, oh Jehová, y seré sano; sálvame y seré salvo; porque Tu eres mi alabanza." (Jeremías 17:14)

Es bien difícil llegar a una conclusión, que no nos afecte ni nos lleve a malas interpretaciones, de lo que con este trabajo ha querido traer, solo con el hecho de exponer ciertos puntos de vista, se presta a malas interpretaciones, en esto tiempos la mayoría de las personas andan a la defensiva, y todo lo que se les dice los cuestionan a su modo de ver. Pascal dijo: "Los hombres nunca hacen mal completa y alegremente como cuando lo hacen desde una convicción religiosa."

Este proyecto surgió a raíz de muchos atropellos, que este servidor escucho de parte de muchos hermanos, y eso es a nivel en general, por eso creo que este trabajo sirve para reflexionar seriamente en lo que se esta convirtiendo el evangelio de Dios. Solo con el hecho de ver como personas no creen en el evangelio por causa de sus experiencias eso me molesta.

Pero sabemos que hay una esperanza en Cristo, por la cual debemos luchar, sin temor a obtener una aprobación de parte de Dios, sin tener que esconder nuestras necesidades de amor, sin tener que agachar la cabeza; muchos creen que abuso espiritual no existe, el abuso espiritual es un crimen terrible, mata el alma y causa trauma en lo mas profundo del corazón, desbarata el espíritu humano y hace perder la inocencia y la confianza, usted se siente traicionado.

La ayuda Cristiana no se agota por las obras de ayuda física. Igualmente, existe la ayuda espiritual, que es frecuentemente más inmensurablemente más importante y valiosa. A veces, para una persona desalentada, una sencilla palabra de compasión sincera, consuelo y comprensión son más valiosos que cualquier ayuda material. ¿Quién argüiría contra el hecho que no se puede valorar, en términos de dinero, el servicio de salvar a una persona por medio de sincera compasión y palabras amables de, por ejemplo, el vicio de la embriaguez o del pecado de suicidio? El Apóstol Santiago escribió acerca de esta preciosa ayuda espiritual: "[20]El que convierte al pecador del error de su camino, salvará un alma de la muerte (tanto los pecadores y la suya propia) y cubrirá una multitud de pecados" (Santiago 5:20).

Acuérdese que el gran propósito de Dios para usted es darle vida eterna como su propio hijo en su reino. No le hará nada a usted o para usted que vaya a poner en peligro o a disminuir sus posibilidades para su reino, ni a disminuir su posible recompensa.

Dios nos ama de corazón el quiere lo mejor para cada uno de nosotros, como lo digo en el prologo "pero algunos en su afán de coger la gloria para ellos están utilizando muy mal el evangelio tirando por el piso todo lo que Dios hizo en la cruz del calvario".

Es primordial entrar en el proceso de sanidad espiritual sabiendo que nuestras peticiones Dios las contesta, (1Jn 5:14) "[14]Si pedimos conforme a su voluntad, él nos oye."

No necesariamente la conclusión es la ultima palabra pues sabemos que se necesita también tener claro que la ayuda es indispensable en estos casos, cómo podemos darnos cuenta de lo grande que es el problema, poder identificar los falsos lideres (algunos de estos se burlan de sus feligreses en su propia cara, son sarcásticos etc.), como determinar cuando se esta siendo abusado espiritualmente; es el objetivo de este trabajo, identificar las señales claras y concisas de un sistema abusivo, saber discernir cuando se esta siendo manipulado, poder darse cuenta si esta en un sistema legalista, etc. Son muchos de los aspectos. Por supuesto que esta es la contradicción completa al verdadero Espíritu de Dios, quien inspiró estas palabras del profeta Isaías: "[20]¡Ay de los que a lo malo dicen bueno, y a lo bueno malo; que hacen de la luz tinieblas, y de las tinieblas luz; que ponen lo amargo por dulce, y lo dulce por amargo!" (Isaías 5:20)[10].

Y mas profundamente el analizarse a si mismo y empezar a sacar todo lo que nos ata y nos enferma, el poder sacar a la luz todo nuestros problemas es una tarea difícil de cumplir pero no imposible y si confiamos en Dios el nos dará la fortaleza para salir de todo esto.

No importa que tan mal usted vea las cosas Él esta presente para socorrernos, (Salmos 23:4) Aunque ande en valle de sombra de muerte, No temeré mal alguno, porque tú estarás conmigo; Tu vara y tu cayado me infundirán aliento.[11]

Admitir que uno esta siendo abusado espiritualmente es difícil, eso nos hace vulnerables, hasta puede ser humillante, y doloroso; si muestra lo que es interiormente, se puede presentar el caso que se sienta presionado(a) a decir sus

---

[10] La Santa Biblia, Versión Reina y Valera, revisión 1960, Holman Bible Publishers, Nashville TN, 1988

[11] La Santa Biblia, Versión Reina y Valera, revisión 1960, Holman Bible Publishers, Nashville TN, 1988

intimidades, pero en Cristo todo es mas fácil, la libertad que Dios nos da es incomparable, el hecho que haya que fingir se desvanecerá, no tendrá que preocuparse por el que dirán, tendrá una paz absoluta, el aparentar estar fuerte será cosa del pasado, la realidad es que será otra persona.

El Espíritu Santo convence de una manera muy tierna y respetuosa, y El sabe cuánto nos puede revelar a la vez. Entonces hay que trabajar con lo que El revela, y no escarbar en el alma para que más cosas salgan a la luz antes de su tiempo.

El poder identificar ciertos rasgos de manipulación y abuso nos permitirá continuar esta dura batalla, poder sortearla mas fácil los cuales quisiera traer a colación y mas simplificados. Algunos rasgos que debemos tener en cuenta son:

1. Autoridad y Poder – Estos grupos abusivos usan erróneamente y tuercen el concepto de autoridad espiritual. El abuso crece cuando los líderes de estos grupos a sí mismos poder y la autoridad que carece la dinámica de la responsabilidad abierta y de la capacidad de preguntar o de desafiar decisiones hicieron por los líderes. El cambio exige el moverse desde el respecto general por un portador de la oficina a uno en donde los miembros leales someten sin el derecho a la disensión.

2. Manipulación y control – estos grupos abusivos están caracterizados por que el miedo, la culpabilidad, y las amenazas se utilizan rutinariamente para producir la obediencia sin cuestionar, en conformidad del grupo, y donde las pruebas rigurosas de la lealtad a los líderes se demuestran frente al grupo. Los conceptos bíblicos de la relación de líder - discípulo tienden a convertirse en una jerarquía donde las decisiones del líder controlan y usurpan el derecho o la capacidad de los hermanos de tener opciones en sus asuntos espirituales o aún en asuntos diarios como el empleo, la se meten hasta en su dieta y en la ropa o modo de vestir.

3. Elitismo y persecución - los grupos abusivos se presentan como únicos y tienen una tendencia de organización fuerte y a estar separados de otros cuerpos e instituciones. Disminuyendo las posibilidades de la corrección y de la reflexión internas. La crítica y la evaluación por parte de otros es desechada y considerada como esfuerzos del enemigo para frenar su desarrollo.

4. Forma de vida y experiencia - los grupos abusivos fomentan rigidez en comportamiento y en la creencia que requiere juramento y conformidad a los ideales y a los asuntos morales en sus grupos sociales.

5. Disensión y disciplina - los grupos abusivos tienden a suprimir cualquier clase de desafíos y de disensión internos referentes a las decisiones tomadas por los líderes. Los actos de disciplina pueden implicar humillación emocional y física, actos físicos de violencia o depravación, castigos agudos e intensos a la disensión y la desobediencia.

Agnes y John Lawless discuten en "The Drift into Deception" que hay ocho características del abuso espiritual, y algunos de éstos se entrelazan claramente con los criterios de Enroth. Enumeran las ocho características del abuso espiritual como: carisma y orgullo, cólera e intimidación, avaricia y fraude, inmoralidad, estructura autoritaria de lascivia, exclusividad, lealtad y honor exigente, y nueva revelación.

El abuso espiritual implica generalmente control, la manipulación y el engaño de los líderes, pero es apoyado a menudo por los miembros. El abuso espiritual no es necesariamente deliberado, sino puede ser el resultado de un énfasis excesivo en una doctrina particular (e.g. la enseñanza de que cada uno fuera del grupo irá al infierno) o la creencia genuina que se está siguiendo la voluntad de Dios.

El equipo de Flavil Yeakley de investigadores condujo pruebas prácticas con los miembros de la iglesia de Boston de Cristo (iglesias internacionales de Cristo – Internacional Churches of Christ) usando el tipo de indicador de Myers-Briggs.

En el dilema del discipulado Yeakley divulga que los miembros probados "mostraron un alto nivel de cambio de tipo psicológicos", con un "patrón claro de la convergencia en un solo tipo". Los resultados indicaron que los sometidos a estas pruebas habían cambiado en su tipo de personalidad y que todos los miembros evidenciaban el mismo tipo de personalidad.

La investigación de Yeakley no fue limitada solamente a la iglesia de Boston. Las mismas pruebas fueron conducidas en cinco diferentes denominaciones principales y con seis grupos que se conocen popularmente como cultos o sectas manipuladoras. Los resultados de la prueba de Yeakley demostraron que el patrón en la iglesia de Boston "no fue encontrado entre otras iglesias de Cristo o entre los miembros de estas cinco denominaciones principales, pero que fue encontrado en los estudios de las seis sectas."Manipuladoras, la investigación no demostró que la iglesia de Boston "atraía a gente con una necesidad psicológica de altos niveles del control", pero Yeakley concluyó que "se está produciendo un comodidad de tipo psicológico" lo cuál él indicaba que eran "artificiales, malsanas, y peligrosas"

En el cristianismo, abuso espiritual es más frecuente en algunas iglesias, pero no todas relacionadas con el fundamentalismo, algunas iglesias conservadoras y algunas en el movimiento carismático o el Pentecostalismo.

Ambos Enroth y Agnes y John Lawless que el abuso espiritual ocurra y a menudo pasa desapercibido y sin ser cuestionado cuando el líder tiene un alto conocimiento de la palabra y este es hábil en la interpretación de lo pasajes de la Biblia. Las autoridades evangélicas en cultos, como James Sires (Scripture Twisting - Lo torcido de las Escrituras, prensa de InterVarsity, 1980) y H. Wayne House (Lo torcido de la doctrina, prensa de InterVarsity, 2003) indican que hay una variedad de errores técnicos cuando los pasajes bíblicos se leen fuera de contexto, se lee mal, y mal interpreta. Las clases de errores en la interpretación que Sires y House aducen, ocurren a veces en los grupos que son juzgados y criticados de ser abusivos espiritualmente.

Evidencia del abuso - En el abuso espiritual es a menudo muy difícil encontrar cualquier tipo de evidencia que muestre que ha habido abuso, pues las víctimas fallan a menudo pues en determinar cuando esta siendo abusada debido a la presión o al sentimiento de culpabilidad en lo referente a obediencia hacia los líderes de los grupos o iglesias o de un culto etc. que se puedan enmascarar como obediencia hacia Dios.

Está saliendo de una iglesia abusiva - normalmente un proceso que puede tomar algunos meses o aún años. Puede también ser extremadamente doloroso emocionalmente y psicológicamente. Es importante conseguir una buena ayuda y un buen asesoramiento que sepa de los efectos del abuso espiritual.

¿Se podrá cambiar todo esto?

¿Por qué es tan difícil un cambio en estas organizaciones?

Una razón es que el cambio suele comenzar en el liderazgo. Sin embargo, la estructura de liderazgo está diseñada para que el líder tenga control sobre el personal. Si bien podría haber una junta, los integrantes de la junta son elegidos en última instancia por el líder autoritario. Él elige hombres y mujeres leales a él, que no lo cuestionan ni le hacen rendir cuentas. Por lo tanto, se aísla de tratar con temas difíciles o abordar sus prácticas malsanas.

Ahora lo que se está viendo es que a los nuevos convertidos se los está llevando por el camino de la mentira, diciéndoles que para ser salvos tienen que tener un encuentro con Dios y para eso **solo** lo pueden lograr en un retiro, nada de malo hay en los retiros lo malo es hacer énfasis que si no van a un retiro de esos que están promoviendo **"no van a tener nunca un encuentro verdadero con Dios."** Quien dijo que Dios está enmarcado y limitado a una cita que el hombre le pone.

En estos momentos estamos viviendo un cuento mágico sobre la prosperidad en Cristo, se nos está vendiendo una práctica insana muy sutilmente infiltrada por Satanás a nuestras iglesias y es el paganismo. Al nuevo convertido se le está alimentando con mentiras y entonces así mismo crecerá con esa mentira creando paradigmas de falsas doctrinas, infiltrando entre la honestidad, la voluntad, la verdad pero inculcándonos siempre que debemos ser honestos, voluntariosos, y que sobre todo no bebemos mentir, que debemos andar siempre con la verdad y todo esto en base a muchas mentiras.

¿La paradoja es creíble? Este movimiento de prosperidad y tranquilidad en el Señor trae mucha esperanza a los creyentes arrastrados pos estos líderes deshonestos.

¿Qué pasaría si a un recién convertido se le inculca valores distintos y se les hace creer que solo en un retiro es que se puede tener la experiencia real con Dios? Se enclaustra a Dios, o limita a Dios a los tiempos de estos líderes.

Si se nos dijera que la Prosperidad es un movimiento o interpretación de los líderes y pastores para sacar beneficio del Reino de Dios, cada uno de los temas que trata la Biblia no son sino inventos del ser humano para mantener un nivel de sumisión en otros, creando corporaciones a nivel piramidal en los cuáles se van desarrollando los lideres que al final serán los que estarán a la cabeza de estos movimientos que están creciendo como la grama en un terreno baldío. Probablemente no tendríamos que alimentar la mentira que nos alimenta". Porque una vez se ha iniciado la misma, esta mentira tiene que ser alimentada para perpetuarla con resultados desbastadores obligando a los hermanos a mantener la mentira y hacer todo lo posible para hacerla creíble. Es entonces cuando la mentira nos arropa generación tras generación sin atrevernos a llamar a la mentira por lo que es.

¿Hasta cuándo vamos a seguir alimentando mentiras, hasta cuándo vamos a seguir permitiendo que la mentira nos alimente?

Un cambio de actitud en nuestras iglesias es esencial para que todo cambie y no se siga engañando al pueblo de Dios en miras a un pueblo de Dios sincero y honesto. Y reconocer que no se puede seguir viviendo en una mentira.

Unos nuevos convertidos que sean capaces exponer sus puntos de vista y puedan terminar con los paradigmas creados por estos inescrupulosos.

¿Pueden los nuevos convertidos parar todo esto de la mentira?

El autoritarismo religioso, apoyado por bases bíblicas mal interpretado y un número grande de regulaciones insanas.

Es difícil entender por qué los hermanos en las congregaciones no escudriñan las escrituras; aun sabiendo que las escrituras exhortan a hacerlo, al igual cuando se amonesta que no llamemos padre a nadie aquí en la tierra pero lastimosamente toda esta sarta de mentiras está arrastrando a las congregaciones masivamente a una muerte espiritual, pues se pierde el centro quien es Jesús, y se sigue a estos pastores inescrupulosos. Que aunque es difícil creer que esto esté ocurriendo desafortunadamente lo estamos viendo más día a día.

Surgen muchísimos interrogantes, y ¿quién tiene la respuesta correcta o quien tiene la verdad absoluta?

RECOMENDACIONES

Las recomendaciones son algo que con la experiencia nos dará una mejor vía de salida por ahora solo diré unas cuantas ideas de lo que se debería hacer para dejar o salir de un sistema en el cual se esta siendo victima de un abuso espiritual, acuérdense que nadie puede suplantar el lugar de Dios, y determinar lo que usted va a ser en el cuerpo de Cristo, sin mal interpretar el trabajo que Dios a designado a cada uno de nosotros y la labor a cumplir como órgano ligado al cuerpo, ni al liderazgo que el Señor pondrá delante de usted.

Dar un paso de fe, el Señor nos dará fuerzas, en El tenemos esperanza, decídete a hablar con alguien que te pueda ayudar, un consejero de confianza, alguien a quien pueda contarle sus problemas sin tener que estar pensando en lo que pueda decir o pensar de usted por lo que le esta revelando, no sin antes poner su confianza en Dios primero, para que sea Dios quien dirija al consejero para que lo guíe por un sendero alentador y con esperanza, acuérdese, Es sumamente importante, a estas alturas, reconocer que Dios es la suma autoridad, y que El es una autoridad buena. Entonces tu voluntad liberada, que es ahora libre para decidir, debe hacer la libre decisión de obedecer a Dios según El se reveló en la Biblia, de obedecerle en todo, y de obedecer a El antes que a los hombres.

Este paso es un paso de confianza. Tienes que confiar, quizás por primera vez en tu vida, que existe una autoridad buena, justa, que nunca se aprovechará de ti, sino que actúa para tu bien. Esta autoridad buena es Dios. El es completamente diferente de las malas autoridades que te han dado mal ejemplo hasta ahora.

(Mateo 24:24) dice "24Porque se levantarán falsos Cristos, y falsos profetas, y harán grandes señales y prodigios, de tal manera que engañarán, si fuere posible, aun a los escogidos."

(Mateo 7:21-23) "21) No todo el que me dice: Señor, Señor, entrará en el reino de los cielos, sino el que hace la voluntad de mi Padre que está en los cielos.

22) Muchos me dirán en aquel día: Señor, Señor, ¿no profetizamos en tu nombre, y en tu nombre echamos fuera demonios, y en tu nombre hicimos muchos milagros?

23) Y entonces les declararé: Nunca os conocí; apartaos de mí, hacedores de maldad."

Hay que dar este paso bajo la protección de Dios, Si te decides dar este paso con la ayuda de un consejero, otra vez una palabra de prudencia: Si estás muy acostumbrado a depender de otras personas, es muy probable que empieces a hacerte dependiente del consejero. ¡Esto no ayudará para tu sanidad! La sanidad es un asunto entre tú y Dios. Es Dios quien te sana y quien cambia tu manera de vivir. Es lo que tú mismo decides, crees y pides, lo que te lleva a la sanidad; no la oración del consejero. El consejero solamente te ayuda a presentarte ante Dios de la manera apropiada.

Las "leyes secretas" tienen que ser desenmascaradas y quebrantadas, para que se callen las voces interiores. La persona abusada tiene mucho dolor dentro de ella. Tiene que aprender a expresar su dolor ante Dios (Salmos 62:8 "Derramar su corazón"). "[8] Esperad en él en todo tiempo, oh pueblos; derramad delante de él vuestro corazón; Dios es nuestro refugio."

Dios es nuestra roca, nuestro refugio, nuestra salvación, de el es nuestra esperanza; tú esperanza.

Para tratar con estas emociones heridas hay que romper las leyes "[3]No hables" y "Disimula tus emociones". Para poder confiar en Dios, hay que romper la ley "No confíes". Para recuperar la autoestima, hay que quebrantar la ley "Nunca puedes ganar."

(Isaías 53:4-5)

"[4] Ciertamente llevó él nuestras enfermedades, y sufrió nuestros dolores; y nosotros le tuvimos por azotado, por herido de Dios y abatido. [5] Mas él herido fue por nuestras rebeliones, molido por nuestros pecados; el castigo de nuestra paz fue sobre él, y por su llaga fuimos nosotros curados."

En el proceso de sanidad hay algo que creo yo muchos no quisieran tocar y es el perdón, no todos están dispuestos a perdonar si el ofensor no se arrepiente primero.

"Para el proceso del perdón es indispensable tratar con la idea de que otros nos 'deben' algo. Cuando alguien nos debe una 'deuda de dolor', el perdón significa cancelar esta deuda.

... El perdón sucede cuando dejamos obrar en nosotros lo que Dios ha hecho. Haz el siguiente ejercicio: Toma dos hojas de papel. Escribe en una de las hojas el nombre de la persona que te ha herido, que te 'debe' algo. Debajo escribe lo que hizo esa persona, y qué mensajes transmite este incidente o este comportamiento acerca de ti ('tu no vales', 'tus emociones no importan', etc.). En la otra hoja escribe 'Dios'. Anota allí lo que te pertenece y quien eres, todas las cosas buenas desde la perspectiva de Dios.

Reflexiona algún tiempo sobre estas dos hojas. ¿Qué preferirías - a Dios y su confirmación, o el pago de tu 'deuda de dolor'? No puedes tener ambos. Pero si escoges a Dios, entonces, yo creo que el perdón vendrá, aunque dure algún tiempo hasta que estés claramente consciente de lo que significa la obra redentora de Dios para ti."[12]

El Señor nos dice que debemos confrontar tres veces a un hermano que peca contra nosotros: a solas, con testigos, y ante la iglesia. "Y si no oyere a la iglesia, tenle por gentil y publicano." (Mateo 18:17). Esto significa: "Aléjate de él."

(Salmo 147:3) "[3] El sana a los quebrantados de corazón, y venda sus heridas."

Dios nos vivifica su justicia saca nuestras almas de cualquier angustia, debes confiar en Dios el es tu guardador como lo dice la palabra en el salmo 121.

Ahora si después de todo esto viene lo que podemos definir como proceso de sanidad interior real, en la cual nuestro centro es Dios mismo, el nos guiara a senderos nuevos a pastos buenos, a lo mejor para nuestras vidas, pues el libra a los que son llevados a la muerte como dice en Proverbios capitulo (24:11-12) "[11] *Libra a los que son llevados a la muerte; salva a los que están en peligro de muerte.*

[12] *Porque si dijeres: Ciertamente no lo supimos, ¿acaso no entenderá el que*

---

[12]   Jeff VanVonderen, "Tired of trying to measure up" ("Cansado de los intentos de cumplir las exigencias")

Pesa los corazones?
El que mira por tu alma, él lo conocerá, y dará al hombre según sus obras. "

Descubrir nuevamente cuáles son sus propias opiniones, sus preferencias, sus metas - decidiéndolo usted mismo, no dejándose influenciar por el temor a las personas que solían determinar sus decisiones. En algunas situaciones, significa sencillamente aprender a decir "No".

Y entonces veras la gloria de Dios manifestada pues de ese momento en adelante tendrás un nuevo comportamiento, la vida se te hará más fácil, aprenderás a decidir por tu propia cuenta, sabrás tus límites, entenderás que eres un miembro independiente en el cuerpo de Cristo. Aprender a aceptar lo bueno que otras personas dicen de ti. Ahora Dios quiere devolverte el tesoro robado: tu valor como persona. ¡Tu valor no depende de lo que haces! Tenemos valor por lo que somos, porque Dios nos ha creado.

¿Te han llamado con nombres despectivos? "Loco", "Malcriado" "Impertinente",... - ¡Dios te da ahora un nuevo nombre!

"[3] Y serás corona de gloria en la mano del Señor, y diadema de reino en la mano del Dios tuyo. [4] Nunca más te llamarán Desamparada, ni tu tierra se dirá más Desolada; sino que serás llamada Hefzi-bá (esto es, Mi deleite está en ella), y su tierra, Beula (esto es, Desposada); porque el amor del Señor estará en ti, y tu tierra será desposada." (Isaías 62:3-4).

Un nombre es más que solo una palabra. En la Biblia, el nombre significa la identidad de una persona. Como víctima de un abuso espiritual o una disfunción familiar, tenías una "identidad de vergüenza". Pero Dios te da una "identidad de gracia"

Salmos 8:5 Le has hecho poco menor que los ángeles, Y lo coronaste de gloria y de honra.

Salmos 21:5 Grande es su gloria en tu salvación; Honra y majestad has puesto sobre él.

Salmos 30:12 Por tanto, a ti cantaré, gloria mía, y no estaré callado. Jehová Dios mío, te alabaré para siempre.

Salmos 45:4 En tu gloria sé prosperado; Cabalga sobre palabra de verdad, de humildad y de justicia, Y tu diestra te enseñará cosas terribles.

Salmos 84:11 Porque sol y escudo es Jehová Dios; Gracia y gloria dará Jehová. No quitará el bien a los que andan en integridad.

Salmos 138:5 Y cantarán de los caminos de Jehová, Porque la gloria de Jehová es grande.

Salmos 145:11 La gloria de tu reino digan, Y hablen de tu poder,

Salmos 145:5 En la hermosura de la gloria de tu magnificencia, Y en tus hechos maravillosos meditaré.

Proverbios 3:4 Y hallarás gracia y buena opinión ante los ojos de Dios y de los hombres.

Proverbios 22:11 El que ama la limpieza de corazón, Por la gracia de sus labios tendrá la amistad del rey.

Mateo 10:8 Sanad enfermos, limpiad leprosos, resucitad muertos, echad fuera demonios; de gracia recibisteis, dad de gracia.

Romanos 5:15 Pero el don no fue como la trasgresión; porque si por la trasgresión de aquel uno murieron los muchos, abundaron mucho más para los muchos la gracia y el don de Dios por la gracia de un hombre, Jesucristo

Romanos 5:2 por quien también tenemos entrada por la fe a esta gracia en la cual estamos firmes, y nos gloriamos en la esperanza de la gloria de Dios

1Corintios 15:10 Pero por la gracia de Dios soy lo que soy; y su gracia no ha sido en vano para conmigo, antes he trabajado más que todos ellos; pero no yo, sino la gracia de Dios conmigo.

2Corintios 4:15 Porque todas estas cosas padecemos por amor a vosotros, para que abundando la gracia por medio de muchos, la acción de gracias sobreabunde para gloria de Dios.

Apocalipsis 22:21 La gracia de nuestro Señor Jesucristo sea con todos vosotros. Amén.

No puedo dejar pasar por alto el hecho de que este trabajo es el comienzo de muchos mas, así como el Señor empieza la obra en cada uno de nosotros y la termina, el espera de nosotros lo mismo que cuando empecemos un trabajo lo terminemos por el bien del cuerpo de Cristo. Es del Señor la voluntad que seamos bendecidos, no maltratados ni abusados Espiritualmente.

De acuerdo al Señor Jesús, hay "muchos" falsos profetas en nuestros días que "engañarán a MUCHAS personas" (Mt. 24:11). Aunque estos falsos profetas puedan alegar conocer y comunicar la verdad de Dios, están esparciendo mentiras (Jer. 14:14).

Al obedecer el mandamiento de no ser crédulos, sino "probar los espíritus" (1 Jn. 4:1) para no ser engañados, tenemos que cuidadosamente evaluar los maestros y los ministerios por las Escrituras, en donde radica siempre la autoridad final (2 Tim. 3:16, 17).

Llenar a gente pecadora de "falsas esperanzas" (Jer. 23:16), cubrir las heridas de las personas como si no fueran serias (Jer. 8:10, 11) y no exponer los pecados de las personas (Lam. 2:14) hace de estos abusadores la mejor opcion. Los falsos profetas que tenían espíritus mentirosos que engañaron a Acab, predijeron triunfo y victoria en nombre del SEÑOR (1 Re. 22:11, 12). ¡Porque Acab creyó su mensaje, fue a la batalla y murió 22:35

En tiempos de Jezabel, los falsos profetas comían en la mesa del Rey (1 Re. 18:19), mientras que los verdaderos profetas se escondían en cavernas y secretamente se alimentaban allí (1 Re. 18:4). La popularidad y afluencia, por lo tanto, no deben ser un criterio para tratar de identificar a un falso profeta, porque a veces tienen muchos seguidores. Los falsos profetas hablan con convicción, ya que esperan el cumplimiento de sus palabras mentirosas (Ezeq. 13:6). Estos son elocuentes y grandes expositores de las escrituras, la conocen como Satanás el padre de la mentira, por esta razón no se les hace difícil engañar y como lo he dicho antes "Hasta a los elegidos" engaña.

7.1 Lo Que Todo Pastor Debe Conocer De Sus Líderes

¿Porque son tan importantes las relaciones entre el Pastor y los lideres?

- La moral afecta nuestras ejecutorias
- Las relaciones entre el Pastor y los Líderes preparan el ambiente para el resto de las personas en la iglesia, necesidades y anhelos de los líderes en la iglesia
- Los líderes desean ser tratados como personas valiosas con un alto potencial
- Los líderes desean una comunicación abierta y madura con su Pastor
- Los líderes necesitan entender claramente las expectativas de su pastor
- Los líderes desean ser entrenados para su personal y profesional crecimiento

- Los líderes desean la oportunidad de incrementar sus responsabilidades
- Los líderes desean enfrentar las desilusiones, los desacuerdos y las frustraciones sin sentirse condenados.
- Los líderes desean los recursos necesarios para cumplir con su trabajo de manera excelente.
- Los líderes desean lealtad de su pastor. Los lideres desean la dirección y liderato y o la administración que como Pastor general tu necesitas.

AYUDAS DE CONSEJERÍA

1. No se atemorice; confíe en el Señor. Heb. 2:13ᵃ
2. Escuche con paciencia lo que la otra persona tiene para decir y escuche al Espíritu Santo
3. El Espíritu Santo le guiará. Juan 16:13
4. La persona en la mayoría de los casos ha estado pensando en el suicidio por algún tiempo y buscando respuestas a vías de escape. (Pida a Dios que intervenga). El o ella necesitan sentir su afecto, entendimiento, respeto, sinceridad y compasión (Amor de Dios) Mateo 22:39
5. Sus preguntas deben ser hechas bajo el control del Espíritu Santo. No minimice las respuestas recibidas. Ministre a los problemas específicos revelados, apunte hacia los síntomas de la depresión y ministre de acuerdo a lo recibido de la otra persona.
6. Ministre esperanza a un creyente. Romanos 5:5; 5:13.
7. Ministre responsablemente a un creyente como el Espíritu Santo le ordene. El tiempo de Dios es de primordial importancia. 1Pe 4:5; 1Co 3:16,17
8. Ministre a las áreas de pecado de un creyente. 1Jn 1:9
9. Ministre salvación a un incrédulo. Ro 10:9,10
10. De gracias a Dios por la victoria.

Definitivamente este trabajo es el comienzo de una serie de trabajos que estaré realizando, pues el paso a seguir es buscar la forma encontrar un camino que permita aliviar las almas que están necesitando de ayuda. Todo viene en combinación con un trabajo realizado sobre violencia domestica. Como de costumbre estaré realizando una investigación a todo nivel para documentarme efectivamente y así poder ser puente entre un reencuentro de las personas abusadas y Dios. Es bien interesante como los abusadores tienden a cuestionar la espiritualidad de los demás muy a menudo, pues ellos se creen hasta más espirituales que el mismo Dios.

Un consejero efectivo es aquel que primero sano sus heridas correctamente (si es que en algún momento las tuvo) y esta dispuesto a navegar con el aconsejado sobre las olas de incertidumbre que este pueda tener llevándolo a puerto seguro.

TOME ESTA PEQUEÑA PRUEBA PARA DETERMINAR SI ESTA SIENDO ABUSADO ESPIRITUALMENTE

(SEA HONESTO)

Derechos Reservados, Miguel Perlaza, Ph. D. 2006
Responda SI o NO para cada una de las Preguntas.

Numero	Pregunta	SI	NO
1	Se siente sobrecargado con las tareas que hace en la iglesia.	O	O
2	Le dicen como vestir.	O	O
3	Le dicen con quien debe reunirse, y determinan con quien debe hablar.	O	O
4	No ha recibido una disculpa por parte de un líder si estos cometen un error en contra suya.	O	O
5	Cuando usted da una opinión le dicen que eso no viene al caso y no toman en cuenta su comentario.	O	O
6	Le han dicho alguna vez que el que se revela o no esta de acuerdo con el pastor, esta en rebelión contra Dios.	O	O
7	Le han dicho que si deja la iglesia, Dios lo dejara a usted también.	O	O

8	Cree usted que para obtener el favor del pastor tiene que asistir a todos los servicios.	○	○
9	Le han dicho que visitar otras iglesias es deslealtad a la iglesia.	○	○
10	Le han dicho que las decisiones financieras que toma el pastor no tienen que ser aprobadas por nadie más.	○	○
11	Le han dicho alguna vez que si no esta de acuerdo con la política de la iglesia, tiene las puertas abiertas para que se vaya.	○	○
12	Usted se siente extraño cuando llega al templo y todo luce y se mueve diferente.	○	○
13	Le han tenido en cuenta de alguna forma para las actividades que se realizan en la Iglesia.	○	○
14	Le han dicho que es impertinente porque dice la verdad y es sincero con los demás.	○	○
15	Usted analiza a la luz de la Biblia lo que su Pastor le enseña.	○	○
16	En alguna ocasión se ha sentido contra la pared cuando el liderato le hace preguntas personales.	○	○
17	Le han dicho que cuestionar al Ungido de Dios es pecado.	○	○
18	Se siente confundido respecto a la doctrina de la iglesia.	○	○
19	Se siente intimidado cuando el Pastor o cualquier líder se dirigen a usted.	○	○
20	Cree que esta siendo abusado Espiritualmente.	○	○

En la siguiente página encontrara el resultado de su prueba.

RESULTADO DE LA PRUEBA SOBRE EL "ABUSO ESPIRITUAL":

Si sus repuestas afirmativas fueron menos de 7, usted no necesita de consejería.

Si sus respuestas fueron entre 8 y 11 usted esta en un rango promedio y puede ser que necesite o no consejería.

Si sus repuestas afirmativas fueron entre 12 y 16, usted necesita consejería.

Y si sus respuestas afirmativas fueron más de 16, definitivamente usted necesita ayuda.

BIBLIOGRAFÍA

La Santa Bíblia, Version Reina y Valera, revisión 1960, Holman Bible Publishers, Nashville TN, 37234, 1988.

Paul R. Martin, "Post-Cult Recovery: Assessment and Rehabilitation, in Langone, Recivery from Cults," 203.

Marc A. Dupont, Baker Book House Company, 2004, Grand Rapids, MI 49516.

Ken Blue, Healing Spiritual Abuse, Inter Varsity Christian Fellowship, Madison, WI 53707.

Mike Fehlauer, Exposing Spiritual Abuse, Charisma House, A Strong Company, Lake Mary, FL 32746.

Ronald Enroth, Recovering from Churches That Abuse, Zondervan Publishing House, Grand Rapids, Michigan 49530.

VanVonderen, Recovering from Churches That Abuse, Zondervan Publishing House, Grand Rapids, Michigan 49530.

David Johnson and Jeff VanVonderen, El sutil poder del abuso espiritual, 333 Págs. Editorial Unilit, 1995, Miami, Florida 33172